Dictionnaire thématique des citations relatives à l'art du collage

A Josette & Gérard Siémons

Dictionnaire thématique des citations relatives à l'art du collage

PIERRE JEAN VARET

ISBN: 979-10-94736-23-4
ISBN-13: 9791094736234

PRÉFACE

Imaginez une forme de quintessence collagistique : des centaines d'esprits - illustres, connus, moins connus, inconnus - réfléchissant à l'art du collage, que cela soit en définition, en démarche ou souvenir personnel, en appréciation générale ou particulière, en dix phrases ou en deux mots, etc.

Imaginez que toutes ces pensées seraient notées et classées par thématiques.

Imaginez que le tout serait réuni en un livre : un livre qui du fait de sa structure n'a jamais été réalisé concernant l'art du collage.

En ces trois souhaits, vous avez là tous les ingrédients qui font que j'avais forcément envie de réaliser cela - suivant mon principe concernant l'art du collage que tout ce qui n'a jamais été fait est en soi la meilleure raison de le faire - et que, par conséquent, j'ai œuvré une année dans mon athanor à réaliser ce nouveau projet.

Voilà donc le "Dictionnaire thématique des citations relatives à l'art du collage" : plus de 300 citations de plus de 150 auteurs – vous-même peut être ! - plus de 260 thématiques et plus de 80 références bibliographiques...

Après sélection dans les milliers de documents de la collection Artcolle, les présentes citations ont été extraites de 80 ouvrages et catalogues d'exposition édités entre 1930 et 2016, mais aussi également, sur le même principe, des textes d'artistes des huit volumes parut de la série L'art du collage à l'aube du vingtième siècle, et d'articles de presse.

Plus qu'un ouvrage de chevet pour tous collagistes, il s'agit d'un concentré étincelant de tout ce que cet art a pu engendrer d'affirmation, de questionnement, d'interrogation, de joie et de regret.

Au-delà même de l'intérêt des textes, des témoignages, des confessions, il permet parfois d'avoir une nouvelle approche sur certains artistes, voire même un nouvel éclairage sur des faits historiques - remettant en question des vérités pratiques qui permettaient de mettre l'art du collage en second plan - comme au sujet de Picasso, dont tous les livres d'art précisent que sa pratique du collage ne concerna que sa période cubiste analytique - ce qui ferait de son intérêt à l'art du collage qu'un passage éphémère - mais en omettant consciencieusement cette déclaration du Maître :

"Faut-il que nous ayons été fous ou lâches pour abandonner le collage ? Nous avions des moyens magnifiques, et nous sommes revenus à l'huile".

Plus qu'un ouvrage de chevet pour tous collagistes, cet ouvrage est au chevet de l'histoire de cet art, et de ses acteurs.

Plus que le chaînon manquant des huit volumes de L'art du collage à l'aube du vingt et unième siècle, il en est le neuvième.

A savourer, avec parcimonie, ou en une seule prise, suivant la posologie que vous aura prescrite votre médecin, je vous souhaite, de page en page, de thématique en thématique, un beau voyage dans l'univers de l'art du collage et des collagistes, qui est forcément - chère lectrice et cher lecteur - votre propre univers - si toutefois vous lui avez ouvert la porte - puisque comme le témoignait André Mimiague dans le catalogue d'exposition "Le collage surréaliste", en 1978, à la galerie Le Triskèle :

"On frappe à ma porte : collage ? collage ? Je n'ose répondre".

Si toutes celles et ceux qui s'intéressent peu ou prou à l'art du collage connaissent la maxime de Max Ernst : Si, ce sont les plumes qui font le plumage, ce n'est pas la colle qui fait le collage – elles et ils pourront ajouter à leurs connaissances plus de trois cents autres sentences concernant notre art préféré : de quoi faire un livre. C'est fait !

A

Abandon

Faut-il que nous ayons été fous ou lâches pour abandonner le collage. Nous avions des moyens magnifiques, et je suis revenu à l'huile. C'est fou !

Picasso - Picasso, propos sur l'art - Édition Gallimard 2009.

Accoler

"Coller" pour moi, c'est surtout "accoler" (mettre côte à côte) des petits bouts de papier (cinq, six, rarement plus) pour créer quelque chose de jamais vu. Quand on colle et qu'on accole, on va à l'aventure ; on ne sait pas où l'on va et l'on découvre toujours quelque chose de neuf qui vous surprend. Il y a des bouts de papier éparpillés (sur une table, dans un classeur, etc.) et l' on cherche des accolements, en tâtonnant, ce qui procure toujours beaucoup de plaisir (quand je colle et que j'accole, je rigole souvent tout seul). Il y a des accolements qui se contredisent (d'où des résultats étranges, drôles, surprenants) et des accolement de bouts de papiers qui collent bien ensemble (si l'on peut dire), ceux qui créent une composition ou une œuvre, surtout si ces bouts de papier représentent des objets ou des formes au départ très différents.

Bruno Dhont - Les techniques de l'art du collage, deuxième volume, Éditions PJ Varet, 2016.

Accouchement

On n'accouche pas seulement, comme le peintre ou le sculpteur, on accouche après avoir façonné différemment ce qui existe, après avoir donné un autre sens, une vie nouvelle, un destin plus noble. Le Collage ? C'est doublement faire naître.

Françoise Autret - Les techniques de l'art du collage, Éditions PJ Varet, 2011.

Action

Son action s'élabore selon un dispositif conjuguant l'instinct et l'approche intellectuelle

Matteo Bianchi - L'esprit du collage, Pagine d'arte, 2010.

Activités

Le puissant pouvoir émotionnel et communicant du collage peut s'adapter à tous les secteurs d'activités humaines.

Martin Monnestier - L'art du collage, Éditions Dessain et Tolra, 1996.

Adage

Décolle avec l'âge mais percole quelques pages et accole des collages

Robert Lebel - Catalogue d'exposition Le collage surréaliste en 1978, Galerie Le Triskèle, 1978.

Affiche

L'affiche lacérée ne peut être réduite à l'art sociologique.

Villeglé - Villeglé, la présentation en jugement, Bernard Lamarche-Vadel, Éditions Marval, 1990.

Agrégat

Le collage va de l'épars à l'agrégat.

Jean Louis Flecniakoska - Le collage et après, Éditions l'Harmattan, 2000.

Alchimie

Il est quelque chose comme l'alchimie de l'image visuelle. Le miracle de la transfiguration totale des êtres et objets avec ou sans modification de leur aspect physique ou anatomique

Max Ernst - catalogue de l'exposition Poétique du collage, musée d'art Thomas Henry, 2000.

Alternative

L'introduction de matériaux hétérogènes provoque l'espace du tableau et apporte enfin une alternative à la vision perspective de la Renaissance.

Germain Viatte - catalogue de l'exposition Collages, collection des musées de province , Musée d'Unterlinden, Colmar, 1990.

Ambigüité

L'ambigüité du collage provient du fait qu'il joue constamment à la frontière entre le réel et le représenté, à leur jonction même.

Nicole Tuffeli - Artstudio N°23, 1991.

Anatomiste

Je savais que quelque chose était bien là. C'était un

Dictionnaire thématique des citations relatives à l'art du collage

étrange travail d'anatomiste ou de biologiste.

Jiri Kolar - Le dictionnaire des méthodes, Éditions K, 1991.

Arts mineurs

Que la pratique du collage soit l'objet d'une reconnaissance historique qui en a fait une technique spécifique de la vision vingtièmiste, ne l'empêche pas pour autant d'être placée au rang des arts mineurs.

Jacques Dubois, Philippe Dubois, Francis Edeline, Jean-Marie Klinkenberg, Philippe Minguet - Revue d'Esthétique N°3-4, 1978.

Artiste

Que mes collages produisent un effet esthétique, c'était une coïncidence : je ne voulais y être pour rien. Ce n'était pas de l'art ; je n'étais pas un artiste.

Vincent Courtois - L'art du collage dans tous ses états, Éditions PJ Varet, 2009.

Atouts

On peut postuler que le collage contenait à son origine tous les atouts de ce qu'il ne revendique pas.

Jean Louis Flecniakoska - Le collage et après, Éditions

l'Harmattan, 2000.

Assemblage

Mes tableaux sont le résultat de l'assemblage d'une multitude de fragments circulaires de papiers. C'est comme passer du monde du visible au monde de l'invisible, de la macro à la micro, du corps à la cellule, origine de toute vie sur terre.

Isabelle Marty - Les techniques de l'art du collage, deuxième volume, Éditions PJ Varet, 2016.

Au-delà

Le collage moderne requiert notre attention pour ce qu'il a de concerté, d'absolument opposable à la peinture, au-delà de la peinture.

Louis Aragon - catalogue de l'exposition La peinture au défi, Paris, 1930.

J'étais curieux de savoir ce qu'il y avait au-delà du feuillet, au-delà de l'écriture, au-delà de l'image, au-dedans de tout.

Jiri Kolar - Le dictionnaire des méthodes, Éditions K, 1991.

B

Brèche

Si la brisure et la brèche constituent le premier acte du collage, celui-ci ne se réalise que par un agencement né de la fabulation et de la fantaisie

Véronique Mauron - L'esprit du collage, Pagine d'arte 2010.

Bricolage

Il est vrai que du bricolage au collage, ce n'est l'affaire que de quelques lettres à soustraire ou rajouter...

Bertrand Athouel - Les cahiers des colles, Éditions PJ Varet, 2009.

Boucle

Réaliser un collage est un processus de création multiple. C'est d'abord regarder une image, la contempler, s'en imprégner, et ainsi la reconnaître et s'y reconnaître. On entre alors dans une boucle, l'oeuvre engendrant sa propre création, sa matière.

Gaëlle Peignot - L'art du collage au coeur de la création, Éditions PJ Varet, 2014.

C

Cactus

Je dessine en découpant et j'efface en collant ; cette technique me permet de remplir un décor avec des personnages traversant le temps et l'espace, autour du symbole que j'ai choisi, "Le Cactus" comme signature artistique et marque de mes origines insulaires.

Jorge Rodriguez de Rivera Olives - L'art du collage dans tous ses états, Éditions PJ Varet, 2009.

Cadeau

Je fouille les poubelles, je ramasse, je récolte chez les amis.

Quand j'offre un cadeau, je repars avec le papier.

Anne Françoise Taillard-Laizé - L'art du collage au

coeur de la création, Éditions PJ Varet, 2014.

Carte-postale

Ma passion des collages allait de pair avec une autre passion, celle des cartes postales. Je décidai de les unir en un seul objet, et de coller les images prises dans les magazines sur ces cartes.

Jean Chalon - Collages de rêve, Éditions de la Différence, 2003.

Charnel

Avec la peinture ou le pastel il y a des moments de passion, mais avec le collage, c'est charnel. Mes petits papiers m'entraînent vers des contrées lointaines et mystérieuses où j'espère vous faire voyager aussi...

Chantal Kaeding - L'art du collage dans tous ses états, Éditions PJ Varet, 2009.

Cheminement

Lorsque je commence un collage, je ne sais jamais où il va m'emmener... Je me laisse aller au gré de mon humeur de l'instant, accompagnée de musique et parfois de danse, une synchronicité s'opère et je trouve exactement les papiers ou éléments qu'il me faut ! C'est en quelque sorte la transcription de mon propre cheminement intérieur : à la recherche de l'expression de la quête d'une unité qui est

Dictionnaire thématique des citations relatives à l'art du collage

multiple pour rechercher l'harmonie.

Valérie Peraud - Les techniques de l'art du collage, deuxième volume, Éditions PJ Varet, 2016.

Chronophage

Englué dans sa pratique chronophage, envahi de déchets de toutes sortes, le collagiste dispose en effet rarement d'un SMIC garanti (Salaire Minimum Indispensable au Collagiste), d'un espace d'archivage et encore moins d'un atelier (en l'occurrence, la planche à découper de la cuisine fera effectivement office de... planche à découper).

Bertrand Athouel - L'art du collage dans tous ses états, Éditions PJ Varet, 2009.

Ciseaux

On peut faire des image avec des ciseaux et de la colle, et c'est pareil qu'un texte, ça dit les mêmes choses.

Jacques Prévert - Archive INA, ORTF, 1960.

Les ciseaux peuvent acquérir plus de sensibilité que le crayon.

Henri Matisse - Gouaches découpées, Taschen, 1994.

Citation

A partir du moment où nous considérons l'existence de collages dans un art non-plastique, le poème, le roman, de l'alphabet signé à une lettre ramassée dans la rue, nous sommes fatalement amenés à confondre collage et citation.

Louis Aragon - Les collages, Éditions Hermann, 1980.

Clarification

Collage : méthode de clarification et de fixation du sens.

Jean Pierre Paraggio - Les techniques de l'art du collage, Éditions PJ Varet, 2011.

Coeur

Quand la peinture me sèche un peu sur le coeur, j'élargis ma perception de la perspective, de la composition et de l'assemblage.

Catherine Wagner Dudenhoeffer - Les techniques de l'art du collage, Éditions PJ Varet, 2011.

Coexistence

Il ne s'agit pas de faire des tableaux sans peinture, mais bien d'organiser des formes, des couleurs, et surtout des matières, que rien ne destinait à coexister dans un espace donné

Geneviève Bonnefoi - catalogue d'exposition Karskaya, Centre d'art contemporain de l'Abbaye de Beaulieu 1972.

Collaborateur

Peintres, chromolitographes, dessinateurs, graveurs, de très loin, mais jamais trop tard, avec des ciseaux avec de la colle, je suis leur collaborateur.

Jacques Prévert - Soleil de nuit, Éditions Gallimard, 1980 (recueil posthume).

Collage

L'art du collage c'est le lâcher prise de l'académisme, des règles, de son entourage, et de soi même.

Pierre Jean Varet - En miroir, Éditions PJ Varet, 2017.

Pour moi le collage est une manière de penser, de concevoir, une philosophie, une vie, une recherche et une retrouvaille, une liberté infinie avec les restes, les petits bouts des choses cherchées et trouvées sur le Chemin. C'est le contact, l'attirance d'une matière pour une autre, le baiser entre-elles - magie, miracle, énergie.

Sylvia Netcheva - Les techniques de l'art du collage, Éditions PJ Varet, 2011.

Il n'existe pas un art du vingtième siècle qui n'ait été touché, repensé, ou simplement remis en valeur par les techniques du collage - qu'elles soient appelées collage ou décollage, montaz ou montage, photomontage ou assemblage, découpage ou cut-up, textes aléatoires, procédures randomisées, etc.

Pierre Joris - catalogue d'exposition Jackson Mac Low, Galerie 1900-2000, Paris, 2012.

Le monde vous déchire, vous refait, c'est pourquoi j'ai pensé que le collage était le mode d'expression le plus indiqué pour rendre cet état.

Jiri Kolar - catalogue d'exposition Jiri Kolar 1914-2002, Amos Anderson Art Museum, Prague, 2003.

Collage et assemblage

Collage et assemblage riment lorsque l'aplat prend du relief et que le profil de l'image devient bidimensionnel

Matteo Bianchi - L'esprit du collage, Pagine d'arte, 2010.

Collagiste

La vie de collagiste est un ensemble de contingences matérielles, faite de contraintes d'approvisionnement, de gestion des stocks et de recyclages des matériaux...

Bertrand Athouel - L'art du collage dans tous ses états, Éditions PJ Varet, 2009.

COLLAGISTE

Construire des illusions...

Oblitérer l'image...inaire...

Lanceur d'hypothèses...

Lacéreur de réalités...

Artisan de l'absurde...

Glaneur de rêves...

Initiateur de mirages...

Stopper le mouvement...

Tirer et étirer l'espace et le temps...

Eviter de se prendre au sérieux !!!

Irsaigne - Les techniques de l'art du collage, premier volume, Éditions PJ Varet, 2016.

Le collagiste est ainsi tout à la fois chercheur d'or, savant fou, faux-monnayeur... Voire inventeur de son propre langage.

Bertrand Athouel - Les techniques de l'art du collage,

Lorsque vous exposerez votre collage au Grand Palais et que de savants critiques d'art vous apostropheront d'un :

- Monsieur, votre composition ne respecte pas les principes picturaux !

Déclarez-vous poète !

Si toutefois ces mêmes savantes personnes vous disent :

- Monsieur, votre poème ne respecte guère les règles grammaticales !

Déclarez-vous... collagiste !

Pierre Jean Varet - Les techniques de l'art du collage, Éditions PJ Varet, 2011.

Collectif

Collectif, colle actif : le collage peut et se doit être un acte collectif et universel.

Michael Lowy - catalogue d'exposition Le collage surréaliste en 1978, Galerie Le Triskèle, 1978.

Coller

Coller, c'est vouloir s'enchanter d'une quête errante qui

germine et crée, des lieux et des hasards, des apparitions, des croisements et des confrontations, des confins, des paroles manquantes, des blancs, des plénitudes, des lisières de noir. Et encore des forêts de fin d'après-midi en couleurs de toutes les terres et des forêts nocturnes aux silences compacts, aux strates de l'histoire et de la mémoire.

Michèle Heim - L'art du collage dans tous ses états, Éditions PJ Varet, 2009.

Combinaison

Le collage est un moyen de se détacher du prédéterminé, d'essayer des combinaisons différentes jusqu'au moment où mieux cela s'emboîte, plus profonde est sa vision intérieure.

Catherine Duncan - catalogue d'exposition Collages Surréalistes, Galerie Zabriskie, Paris, 1990.

Communication

Ainsi, cette technique, ouverte à toutes les imaginations, me permet de transmettre des sensations, susciter des réflexions, du dégoût, de la douceur, des émotions... bref, de communiquer avec mes semblables.

Virginie Guériot - L'art du collage dans tous ses états, Éditions PJ Varet, 2009.

Composition

Je suis extrêmement méticuleux dans le soin que j'apporte à exprimer mon désir de ne pas l'être.

C'est un sacerdoce : j'aime mes imperfections parfaites.

Lorsque je colle, je sais exactement où je veux aboutir mais je ne connais pas encore les méandres qui me permettront d'arriver à la fin du processus de composition.

Pierre Jean Varet - Petits collages en prose - Réflexions sur l'art du collage, Éditions PJ Varet, 2009.

Condition

La condition première des collages, tels que les ont pratiqués Max Ernst et nombre d'autres, est la saisie à la pince, dans les poubelles des hôpitaux iconologiques, de fragments et lambeaux sauvés par eux de la création, et précieusement réunis, dans un second temps, en apparence para-picturale.

René Passeron - Revue d'Esthétique N°3-4, 1978.

Connexion

Je cherchais et j'ai trouvé des connexions-coupures pour me sauver la vie, une façon pour mettre en relation le monde de l'imaginaire avec le monde du sentiment.

Modi Marco - Les techniques de l'art du collage, Éditions PJ Varet, 2011.

Conquête

N'oublions pas cette autre conquête du collage : la peinture surréaliste.

Max Ernst - Florian Rodari, Le collage, Éditions Skira, 1988.

Correspondance

Portée habituellement à écrire, j'ai voulu déployer la poésie plastiquement à un désir qui ne me quitta plus. C'est resté un grand plaisir pour moi, à chaque fois, de découvrir après coup, dans mon assemblage, tant de correspondances ignorées au moment de leur élaboration.

Dominique Paul - L'art du collage dans tous ses états, Éditions PJ Varet, 2009.

Consommation

Le collage ouvre des portes sur un monde de découvertes, de possibilités de créations et d'expressions étonnantes.

La puissance évocatrice d'éléments courants, images, objets ou autres types de rebuts de notre monde de consommation débridée, est à la portée des artistes qui veulent bien s'en saisir.

Michel Picotte - L'art du collage dans tous ses états, Éditions PJ Varet, 2009.

Couleur

Le papier découpé me permet de dessiner dans la couleur.

Matisse - Matisse gouaches découpées, Éditions Taschen 1994.

Couple

Ses collages donnaient libre cours à son penchant pour les jeux de l'esprit, les jeux de l'ambigu, à sa prédilection pour l'humour noir, créant des personnages en couples.

André Caraire - Max Papart : Maquettes - Éditions Garnier Nocera, 1995.

Création

Le collage ruine l'idée même de création et Pertubation, elle, vole sur les ailes de l'illusion. La volerie devient image, emblème, allégorie.

Éliane Formentelli - Revue d'Esthétique N°3-4, 1978.

Crise (Au sujet de Picasso)

Il eut une crise, il y a deux ans, une véritable crise de collages : je l'ai entendu alors se plaindre, parce que tous les gens qui venaient le voir et qui le voyaient animer de vieux bouts de tulle et de carton, des ficelles et de la tôle ondulée, des chiffons ramassés dans la poubelle, croyaient bien faire en lui apportant des coupons d'étoffes magnifiques " pour en faire des tableaux " . Il n'en voulait pas, il voulait les vrais déchets de la vie humaine, quelque chose de pauvre, de sali, de méprisé.

Louis Aragon - Préface au catalogue d'exposition La peinture au défi, Galerie Goemans, 1930.

Cuisine

A l'instar de Marguerite Duras, ma cuisine et mon atelier sont des laboratoires dans lesquels j'expérimente. Ce qui me rapproche de la cuisine, c'est l'amour de la couleur. De la confusion des épices et des pigments. De l'analogie entre le curry et la terre de Haute Provence.

Edith Bruic - L'art du collage au coeur de la création, Éditions PJ Varet, 2014.

Le livre de cuisine de ma grand mère était le collage d'une vie.

Claude Pélieu - Mille Milliards de collages par Bruno Sourdin, Éditions Les deux Siciles, 2002.

Culture

Mon art emploie des objets ordinaires embellis avec du papier et de la calligraphie d'Extrême Orient, ainsi que des objets trouvés dans la prairie du Kansas. Il montre les similitudes de l'expérience humaine à travers les différentes

Dictionnaire thématique des citations relatives à l'art du collage

cultures.

Lynda Andrus - L'art du collage à l'aube du XXIème siècle, Éditions PJ Varet, 2006.

D

Décollage

Quand je colle, je décolle...

C'est-à-dire que je quitte provisoirement le monde dit réel pour vagabonder dans le monde imaginaire du rêve éveillé.

Michelle Lascazes - Les techniques de l'art du collage, Éditions PJ Varet, 2011.

Découpage

Le découpage est révolutionnaire : la vérité qu'il arrache aux mystifications n'est pas l'affirmation d'un vide, mais d'un plein-de-vie.

René Passeron - Revue d'Esthétique N°3-4, 1978.

Le découpage ne crée rien, n'imagine rien, qui ne soit déjà là, comme produit masqué du travail antérieur du rêve dans l'image publique.

René Passeron - Revue d'Esthétique N°3-4, 1978.

Découverte

C'est avec une précision admirable que les découvertes accomplies grâce au collage rendent directement manifeste la puissance en acte.

Conroy Maddox - Catalogue d'exposition Le collage surréaliste en 1978, Galerie Le Triskèle, 1978.

Dédoublement

Je peux comparer mon approche à celle des Surréalistes et du célèbre "Cadavre Exquis"... Une succession d'images qui n'ont rien à voir les unes avec les Autres à la première lecture...

En Vérité, je ne sais pas comment se créent les Images... C'est comme si j'étais un peu dans un état second, comme un dédoublement de ma personnalité.

Marc Ways - L'art du collage au coeur de la création, Éditions PJ Varet, 2014.

Défi

L'art du collage met la peinture au défi.

Louis Aragon - Les collages, Éditions Hermann, 1980.

A son tout le collage est mis au défi : sommé de se dépasser ou de disparaître après une agonie gâteuse. Face à la banalisation croissante du procédé, il convient de tout mettre en œuvre pour empêcher de coller en rond.

Jacques Merceron - Catalogue d'exposition Le collage surréaliste en 1978, Galerie Le Triskèle, 1978.

Définition

Si je dois définir le collage ce serait "Liberté, Spontanéité, et Singularité".

Telli Hadda - L'art du collage dans tous ses états, Éditions PJ Varet, 2009.

Démocratique

Le collage nait d'une idée démocratique, son image passe en mode multilingue et reflète l'ensemble des choses qui nous renvoient à la fragmentation du quotidien

Matteo Bianchi - L'esprit du collage, Pagine d'arte 2010.

Désordre

Le désordre est cet "ordre que l'on ne voit pas" écrivait Bergson-et que le collage révèle - oserions-nous ajouter.

Bertrand Athouel - L'art du collage à l'aube du XXIème siècle, Éditions PJ Varet, 2006.

Destinée

Le collage va là où on l'envoie.

Nanos Valaoritis - catalogue d'exposition Le collage surréaliste en 1978, Galerie Le Triskèle, 1978.

Détachement

Même si coller reste un moyen d'échanger à ma façon avec mes proches, sensibles à mon art – je suis ému lorsque le message les touche – je me suis détaché des éléments papiers extérieurs pour créer, via la peinture, mes propres supports de composition.

Cyril Sandou -L'art du collage dans tous ses états, Éditions PJ Varet, 2009.

Détail

Il y a vraiment un point d'équilibre que je ressens constamment : un détail de plus, et tout est par terre.

Bernard Mandeville - Mandeville par Caroline Larroche, Éditions Altamira, 1994.

Dialogue

(A propos des collages de Mandeville)
Le dialogue s'engage entre le regard et l'espace qui regarde.

Guillevic - Mandeville par Caroline Larroche, Éditions Altamira, 1994.

Difficultés

On ne peut esquiver les difficultés qui accompagnent chaque mot, chaque bout de papier.

Jiri Kolar - catalogue d'exposition Chiasmages, Centre international de poésie, Marseille, 1993.

Dispersion

Les collages dispersent des images préalables, les morcelles jusqu'à la demi-identification, la demi-méconnaissance.

Gilbert Lascault - catalogue d'exposition Rencontres, cinquante ans de collages, Galerie Claudine Lustman, Paris, 1991.

Distinction

Procédé que définit la distinction des éléments.

Gaétan Picon - Journal du surréalisme, Flammarion

1976.

Diversité

L'image du collage tend à accueillir la diversité, libre et ouverte

Matteo Bianchi - L'esprit du collage, Pagine d'arte 2010.

Dynamite

Les collages agissent ici comme de la dynamite sur le mental ; dynamite au sens où ils viennent libérer les émotions, lesquelles pourront se traduire dans la réalité et se matérialiser au sein des événements, puisque c'est bel et bien de cela qu'il s'agit ici.

Jean David - L'art du collage dans tous ses états, Éditions PJ Varet, 2009.

E

Echange

Pour moi, "coller" en toute liberté, est une évidence depuis près de trois décennies.

Et peu importe que mes collages plaisent ou non ; c'est un moyen de communication et d'échange avec les êtres humains, quelles que soient leur culture et leurs origines.

Virginie Guériot - L'art du collage au coeur de la création, Éditions PJ Varet, 2014.

Ecologie

L'art du collage est écologique - maître mot du troisième millénaire - puisqu'il utilise et recycle des matériaux qui ont perdu leur utilité, papiers et magazines entre autres.

Françoise Autret - L'art du collage au coeur de la

création, Éditions PJ Varet, 2014.

Ecriture

Je colle, comme j'écris, avec un puissant souffle de vie ; tantôt incisive, tantôt rêveuse, mais toujours avec mes tripes.

Clairette Gras - Les techniques de l'art du collage, deuxième volume, Éditions PJ Varet, 2016.

Il était donc dans l'ordre des choses, qu'un jour je rencontre l'art du collage qui est vite devenu une écriture spontanée en images et un travail avec la matière. Peindre sans pinceaux, des formes, des couleurs, laisser émerger des histoires issues des profondeurs.

Martine Boyer - L'art du collage dans tous ses états, Éditions PJ Varet, 2009.

Autant l'écriture est pour moi une discipline attentive à la précision, autant le collage me permet de laisser mon attention divaguer et un hasard apparent guider mes gestes.

Isabelle Guisan - Les techniques de l'art du collage, premier volume, Éditions PJ Varet, 2016.

L'art du collage c'est aussi l'irrésistible pulsion à manier le papier, le découper, le déchirer, le coller, le chiffonner ou le jeter. L'inverse, en somme, de l'écriture sage sur une page scolaire ou sacrée.

Michel Coquery - Les techniques de l'art du collage, Éditions PJ Varet, 2011.

Prenez quelques papiers de magazines, déchirez-les, broyez-les, froissez-les, triturez-les, faites leur subir moult géhennes afin de leur donner la couleur qu'il vous sied de leur donner, puis collez-les dans le sens de l'écriture, sans oublier d'aller à la ligne.

Pierre Jean Varet - Les techniques de l'art du collage, Éditions PJ Varet, 2011.

Le collage, c'est la partie la plus excitante du travail, la plus libre, c'est presque une écriture automatique.

Erro - numéro hors série de Beaux Arts Magazine, 2000.

Effraction

On entre en collage comme en écriture, par effraction. Par une nuit sans lune, on s'avance hors des voies tracées, un cutter à la main, et on taille en pièces la représentation du réel telle qu'elle est donnée à voir. Puis, avec un tube de colle, on s'amuse à en recomposer d'autres plus seyantes, plus belles ou plus moches, plus tartes ou plus percutantes, en couleurs ou en noir et blanc, ou les deux mon général, en photos ou en gravures, ou les deux mon colonel, mais on colle.

Alain Chémali - L'art du collage dans tous ses états, Éditions PJ Varet, 2009.

Emprise

La poésie a été ma première activité " artistique ", et j'ai toujours senti que je pouvais remanier le monde, avoir une emprise magique sur lui en manipulant et agençant les mots à ma guise. J'ai le sentiment que le collage a été l'application visuelle et ultérieure du même processus.

Philippe Pissier - L'art du collage dans tous ses états, Éditions PJ Varet, 2009.

Enfance

Qu'il m'est léger de me permettre de coller et de jouer comme au temps de l'enfance !

Emmanuelle Roches - Les techniques de l'art du collage, premier volume, Éditions PJ Varet, 2016.

Envol

Le collage m'a ouvert des portes et des fenêtres par lesquelles j'aime à m'envoler en compagnie des petits bouts de papier.

Chantal Kaeding - L'art du collage dans tous ses états, Éditions PJ Varet, 2009.

Ephémère

Grâce au collage, je sauvegarde l'éphémère abandonné par la société. J'aime cet art fragile, modeste comme les matériaux manipulés et écologiques, qui tirent parti du "moche" et redonnent vie au rebut. Je déniche et j'accumule toutes sortes de matériaux, papier, textile ou végétal, y compris mes propres dessins ratés. Je retravaille ces fragments et j'en crée d'autres à l'ordinateur et/ou à la photocopieuse.

Marine Assoumov - L'art du collage à l'aube du XXIème siècle, Éditions PJ Varet, 2006.

Epluchure

Pour vivre heureux, j'ai seulement besoin d'épluchures, de paix, et de quelques amis.

Philippe Dereux - Théatre d'épluchures, 1989.

Esthétique

On assiste à la naissance d'une esthétique " surréaliste " du collage, aussi stérile que toute esthétique.

Ludvik Svab - catalogue d'exposition   Le collage

surréaliste en 1978, Galerie Le Triskèle, 1978.

Euphorie

C'est presque l'euphorie lorsque je commence un collage : le temps hors du temps, le corps oublié, moment de bonheur et de joie mêlée parfois à de la souffrance lorsque l'inspiration est absente.

Danièle Guéné – L'art du collage au Coeur de la création, Éditions PJ Varet, 2014.

Evidence

Le collage fut pour ma part une simple évidence.

Nicole B. - Les techniques de l'art du collage, Éditions PJ Varet, 2011.

Exposer

Exposer mes papiers collés, c'est, de prime abord, une façon un peu particulière d'ouvrir les fenêtres de ma maison inconsciente et d'amener à voir les images qui y dorment.

André Bernard - Ma chandelle est vive, je n'ai pas de dieu, Éditions Atelier de création libertaire, 2008.

F

Face

De la même manière qu'il existe une "septième face du dé", la somme de chaque couple de faces opposées, explorée par Georges Hugnet dans son recueil de poèmes collés éponyme, il existe une troisième face du collage que le collagiste s'amuse à parcourir ou tout au moins à suivre dans le flux ininterrompu d'images alimentant les méandres mouvants de l'imaginaire "sous la coupole de son cerveau", dès lors qu'il "bri-colle". Si les deux premières faces sont, l'une, celle qui saute aux yeux à première vue, l'apparente, l'évidente, et l'autre, celle plus ouverte du hors champ laissé libre à tout un chacun, la troisième, elle, est la distance même qui s'instaure entre la surface sur laquelle on colle et l'activité mentale qui se déclenche dès lors que la décision d'opérer est prise.

Alain Chémali - L'art du collage à l'aube du XXIème

siècle, Éditions PJ Varet, 2012.

Faille

On colle parce que ça ne colle pas. D'une faille originelle on retire l'insatisfaction permanente devant la réalité, qui n'est, à tout prendre, ou plutôt à tout laisser, que le venin du réel.

Michel Le Guével - catalogue d'exposition Le collage surréaliste en 1978, Galerie Le Triskèle, 1978.

Familiarité

C'est l'immédiateté qui nous rend cette pratique si familière d'emblée - voire facile. Familiarité qu'il s'agit ensuite de dépasser, ce qui s'avère autrement plus complexe.

Bertrand Athouel - L'art du collage dans tous ses états, Éditions PJ Varet, 2009.

Famille

Deux grandes familles se distinguent : les voleurs de matières, dans les pas des cubistes, et les chasseurs d'images, plus surréalistes dans leurs intentions.

Françoise Monnin - catalogue d'exposition Collages Assemblages, M.J.C. Les hauts de Belleville, Paris 1990.

Flexible

Aujourd'hui j'ai oublié comment les enchaînements ont fait qu'à un moment j'ai eu l'idée, l'envie ou le désir, de prendre mes propres photos de reportages, de les découper, de les faire bouger, tourner, et de les faire se rencontrer pour créer de nouvelles images. De la cohérence de l'histoire figée à la cohérence de l'histoire flexible.

Laudator - L'art du collage dans tous ses états, Éditions PJ Varet, 2009.

Fou

Le collage, c'est fou : quand vous y mettez-vous ?

Françoise Autret - L'art du collage dans tous ses états, Éditions PJ Varet, 2009.

Fragment

C'est ce que je ne peux formuler autrement que j'assemble et colle. Fragment de départ intégré dans un puzzle qui pourrait encore s'agrandir.

Laurence Savelli - L'art du collage dans tous ses états, Éditions PJ Varet, 2009.

Frugalité

Le collage répond à mon sens de la frugalité. J'aime

créer quelque chose de nouveau à partir de matériaux que d'autres ont jeté.

Jonathan Talbot - L'art du collage dans tous ses états, Éditions PJ Varet, 2009.

G

Généalogie

Coller, c'est vouloir cheminer en ses labyrinthes, en Ariane révoltée, éperdue, dépossédée, apaisée, aimante, inattendue. Coller, c'est vouloir s'inventer une généalogie picturale et poétique, décalée, imaginaire, libertaire.

Michèle Heim - L'art du collage dans tous ses états, Éditions PJ Varet, 2009.

Gloire

La gloire du collage, c'est qu'avec les mêmes matériaux au départ, aucun artiste ne fait jamais le même collage, chaque association faisant intervenir un désir autre et un message différent.

Catherine Duncan - catalogue d'exposition Collages

Surréalistes, Galerie Zabriskie, Paris, 1990.

Grève

Le collage est apparu après 15 années de fidélité au pastel sec, la grande grève de 1995, m'a incitée, devant l'impossibilité à me fournir en nouveaux supports papier, à utiliser les pastels qui ne me satisfaisaient plus. Je leur ai fait violence en les retournant et en les décou-pant à l'aveugle, pour ensuite réunir en tenant compte des différents supports (papier granité, velours ou autre) et réalisations, pour que chaque image dialogue. Peu à peu, le pastel s'est effacé devant l'intrusion de papiers opaques puis transparents, m'amenant à changer de support. La toile peinte accueille le papier de soie et/ou méché, il se laisse froisser, déchirer, se coller à la peau du support.

Mireille Weinland - Les techniques de l'art du collage, deuxième volume, Éditions PJ Varet, 2016.

H

Hasard

Coller, est une activité à laquelle j'ai adhéré par hasard.

Pari - L'art du collage dans tous ses états, Éditions PJ Varet, 2009.

La vie d'un collage est infiltrée à chacune des étapes de sa conception, par le divin hasard, malin en diable et beau comme le démon .

Elpé - L'art du collage dans tous ses états, Éditions PJ Varet, 2009.

Herbier

Le collage vient de l'amour des lecteurs de Rousseau

pour la promenade vagabonde, le plaisir d'herboriser et de construire des herbiers.

Adrien Goetz - Ingres Collages, Éditions Le Passage, 2005.

Histoire

Le collage a toujours représenté pour moi le plaisir de jouer avec les images, les découper et les disposer dans mes pages peintes.

Chaque image découpée représente sa petite histoire secrète qui va se relier aux autres images. Le collage va devenir un réseau de petites histoires, un réseau qui est semblable à celui de nos souvenirs.

Anna Rebecca Rebecchi - L'art du collage à l'aube du XXIème siècle, Éditions PJ Varet, 2006.

Hybridation

Si en 1949 j'ai réduit ma sélection d'objets trouvés aux seules affiches lacérées, c'est que j'ai deviné en leur matière le produit d'hybridation par excellence.

Villeglé - Villeglé, la présentation en jugement, Bernard Lamarche-Vadel, Éditions Marval, 1990.

I

Identité

Le collage croit à sa réalité propre, à son identité propre.

Conroy Maddox - catalogue d'exposition Le collage surréaliste en 1978, Galerie Le Triskèle, 1978.

Image

Je fais des images, pas sages, avec du papier trouvé sur mon passage.

Francis Lazare - Les techniques de l'art du collage, premier volume, Éditions PJ Varet, 2016.

Une image valant mille mots, c'est à travers cet évident langage universel que je viens à votre rencontre, en

Imagicien du collage.

Pari - Les techniques de l'art du collage, deuxième volume, Éditions PJ Varet, 2016.

J'emmagasine, stocke, mélange de multiples trésors d'images : accueillir le flux des images, sans les craindre, ni les respecter.

Erro - numéro hors série de Beaux Arts Magazine, 2000.

Imitation

Le collage ne cherche pas à imiter la peinture, quoique de temps en temps, il passe outre.

Il n'en est alors que plus dénonciateur et révélateur.

Conroy Maddox - catalogue d'exposition Le collage surréaliste en 1978, Galerie Le Triskèle, 1978.

Imperfection

C'est au final ce que j'aime le plus dans mes collages : ces traces de lutte, ces cicatrices béantes, ce mentir-vrai qui reflète la réalité des actes et la violence de la décomposition amenant imparablement à la composition. Elles me ressemblent, elles sont le vrai reflet de ce que je suis, de " mes parfaites imperfections " . Bien sûr, cette orientation est pratique pour un à-quoi-boniste : je n'ai, dans mon art, que laissé croire au regard extérieur que mes défauts ne sont autres que des qualités. Ces imperfections sont beaucoup plus ma signature que mes réelles perfections supposées : je suis un imperfectionniste professionnel.

Pierre Jean Varet - Petits collages en prose - Réflexions sur l'art du collage, Éditions PJ Varet, 2009.

Imprévu

Assise et parfois debout pour prendre de la distance par rapport à mon travail, je construis patiemment pièce par pièce selon ma vision. Il m'arrive cependant de me laisser surprendre par l'imprévu comme un mot qui jaillit de derrière les images et qui donnera à ma création toute sa signification.

Isabelle Marty - L'art du collage au coeur de la création, Éditions PJ Varet, 2014.

Information

Le collage permet la concentration d'information dans une seule " unité ".

Martin Monnestier - L'art du collage, Éditions Dessain et Tolra, 1996.

Inimitable

Le collage est la reconnaissance par le peintre de l'inimitable, et le point de départ d'une organisation de la peinture à partir de ce que le peintre renonce à imiter, une affiche, une boîte d'allumettes, qu'importe.

Louis Aragon - Collages, dans le roman et dans le film, 1965.

Indiscipline

L'art du collage est celui de l'indiscipline, c'est l'indiscipline de l'art.

Bertrand Athouel - Artcolle Magazine N°2, 2014.

Inspiration

En collage la liberté c'est de suivre son intuition pour qu'elle nous guide dans l'inspiration.

Lucie Monnier - L'art du collage dans tous ses états, Éditions PJ Varet, 2009.

Intention

Mais il ne suffit pas d'en avoir l'intention, il faut trouver et assembler les moyens qui imposent leurs limites.

Avoir l'idée d'une image, et trouver les photos qui doivent l'exprimer cela fait deux

Raoul Hausmann - magazine Zoom, 1975.

Intérieur

Le "besoin" de faire des collages vient de l'intérieur.

Marilena Manserra - La liberté est un collage, Éditions PJ Varet, 2012.

Interrogatoire

J'ai déjà dit que le déchirement, le froissage, ou la lacération des textes et des reproductions n'étaient pas à mes yeux une destruction. J'avais plutôt le sentiment d'un interrogatoire. L'impression de poser toujours des questions à quelque chose, ou de quelque chose qui m'en aurait posé.

Jiri Kolar - Opus international N°77, 1980.

Introspection

Mes collages sont pour moi une introspection, toujours construite de l'extérieur vers l'intérieur, essayant d'induire, chez qui prend le temps de s'y plonger, une plus grande conscience de soi au travers de l'autre.

XYBÊ - Les techniques de l'art du collage, premier volume, Éditions PJ Varet, 2016.

Invitation

En dehors de ces matériaux divers que je fais cohabiter, ce travail m'a apporté beaucoup de plaisir, suspendant le temps, laissant toute la place à l'Inspiration. Sans elle, d'ailleurs, que serait ce collage ? Je pense et j'espère qu'il ne laissera pas indifférent, qu'il est une invitation à la réflexion... Une invitation à tourner son propre regard en dedans de soi...

Lise Menu - Les techniques de l'art du collage, Éditions PJ Varet, 2011

Irrationnel

L'irrationnel est la plus noble conquête du collage.

Max Ernst - Francoise Monnin, Le collage art du XXème siècle, Fleurus, 1993

J

Jeu

Collages, transferts, incrustations, miniatures et pictogrammes emblématiques se rejoignent ou se confrontent sur mes toiles marouflées sur bois ; un jeu de piste ludique révélateur de mon goût pour l'histoire des hommes et de leur empreinte sur leur temps.

Michel Galliot - Les techniques de l'art du collage, Éditions PJ Varet, 2011.

Le collage rapporte le plaisir de jouer avec l'art, le plaisir de couper des papiers, de composer des histoires qui réunissent traits, couleurs, papier, colle et imagination. J'ai retrouvé dans le collage un vieux copain de jeu, et le jeu est toujours indispensable pour l'art.

Anna R. Rebecchi - Les techniques de l'art du collage,

Éditions PJ Varet, 2011.

Jeunesse

Les collages forment la jeunesse.

Claude Pélieu - Mille Milliards de collages par Bruno Sourdin, Éditions Les deux Siciles, 2002.

Justification

Le collage se justifie tant qu'il est découverte, communication poétique neuve et non répétable.

Ludvik Svab - catalogue d'exposition Le collage surréaliste en 1978, Galerie Le Triskèle, 1978.

Juxtaposition

L'attraction et le défi du collage et de la collection sont la juxtaposition du dissemblable, combinant des éléments différents dont chacun raconte sa propre histoire. Ensemble ils tissent une histoire qui est, ou peut être, plus forte que leurs termes séparés.

Dale Copeland - L'art du collage à l'aube du XXIème siècle, Éditions PJ Varet, 2006.

Les juxtapositions ne suggèrent pas seulement des

relations inattendues, mais induisent des niveaux de lecture ectosquelettique et citationnelle. Il en découle que les mćacanismcs opérants du sens sont multipliés et que les modèles de projection en lecture sont moins limités.

Charles Bernstein - catalogue d'exposition Jackson Mac Low, galerie 1900-2000, Paris, 2012.

K

Kolar

Si le ciseau c'est l'Homme, le collage c'est Jiri Kolar.

Jean Pierre Paraggio - La liberté est un collage,
Éditions PJ Varet, 2012.

L

Labeur

Le collage insère le labeur des ouvriers du Livre au mien, à moins que ce ne soit ma peine qui s'insère dans celle d'autrui !

Guy Savel - Les techniques de l'art du collage, Éditions PJ Varet, 2006.

Lame

Surréalisme, surprise et juxtaposition. Tout ce qui n'est pas sous mes pieds se découvre devant mes yeux. " La lame comme arme ".

Paskal Damange - L'art du collage au coeur de la création, Éditions PJ Varet, 2014.

Langage

Au-delà d'être un processus cathartique, cette technique de collage est indiscutablement un art, fruit d'une expression venue du plus profond de nos émotions, elle parle la langue intuitive de nos inconscients.

Brigitte Barateau-Dumesnil - L'art du collage dans tous ses états, Éditions PJ Varet, 2009.

J'ai très vite compris que l'art est une expérience, une expression de soi-même, un sentier vers l'inconnu ; et le collage, une création surréaliste qui autorise toutes les libertés.

S'il n'est pas toujours esthétique ni ornemental, il n'en demeure pas moins un vecteur d'émotions, un langage imaginaire et universel qui permet de se réinventer.

Linda Dora - Les techniques de l'art du collage, premier volume, Éditions PJ Varet, 2016.

Toutes les avant-gardes du début du XXème siècle ont cédé à l'attrait de ce nouveau langage qui leur paraît traduire avec efficacité l'impatience qui les gagne.

Florian Rodari - Le collage, Éditions Skira, 1988.

Liberté

Le collage est un geste créatif, une façon de s'exercer à

la liberté de penser.

Jean David - L'art du collage dans tous ses états, Éditions PJ Varet, 2009.

Prolonger la vie de l'œuvre dans l'expression libre est un acte de liberté, la liberté du collage.

Catherine Eugène – *La liberté est un collage -Hommage à Jiri Kolar, Éditions PJ Varet, 2012.*

Loi

Je suis le premier qui se soit permis d'enfreindre la loi entre carré et fantasme, entre cercle et nœud, entre lettre et trace.

Jiri Kolar - catalogue d'exposition Chiasmages, Centre international de poésie, Marseille, 1993.

Loterie

L'art du collage c'est la loterie des connections du cerveau dans l'accumulation de la mémoire des images.

Eric Bossard - L'art du collage dans tous ses états, Éditions PJ Varet, 2009.

Lueur

Je n'ai pas la prétention de comprendre, pas même de bien lire : je vois simplement des lueurs, et je me lance avec mon papier et mes pliures pour honorer ce souffle et lui faire de la place.

Bertrand Dorny (propos recueillis par Bernard Noel) - Cahiers d'une exposition, Bertrand Dorny, l'homme papier - Bilbliothèque nationale de France, 2003.

Lumière

Aujourd'hui pour moi, le collage est au papier ce que la broderie est au tissu : une lumière nouvelle, une renaissance. Comme s'ils apportaient une nouvelle vie bien plus belle que la première. Comme une pièce rare qui, réparée, brille d'un plus bel éclat. Ils sont les cicatrices de mes plaies ouvertes par la vie.

Carine Kool - Les techniques de l'art du collage, Éditions PJ Varet, 2011.

La lumière du collage n'est pas celle de la peinture. La lumière d'un tableau provient de sa propre substance étirée en couches plus ou moins minces, plus ou moins épaisses sur un support unique et uniforme. La lumière du collage nait dirait-on de la surface plutôt que de la profondeur, par irradiation, car elle résulte de la réaction que produisent les couleurs entre elles. Ainsi repose t-elle davantage sur des propriétés optiques que sur la nature même de la matière picturale.

Jean Pierre Geay - Henri Laugier et l'art subtil du collage, Éditions Comme si, 1994.

M

Magie

Le principe du collage, c'est passer sans rien en savoir de la magie blanche à la magie noire.

Louis Aragon - Max Ernst, Les Collages - Inventaire Et Contradictions, Werner Spies, Éditions Gallimard, 1984.

Petit à petit, découpage après découpage j'ai vu apparaitre une image de plus en plus nette et j'ai reconnu la peur et l'espoir, le danger et la fuite, la prison et la liberté, le chaos et l'harmonie, la situation et la solution... magie du collage.

Antonio D'Onghia - La liberté est un collage, Éditions PJ Varet, 2012.

Mamelle

Détournement et recyclage sont les deux mamelles de l'art du collage.

Pierre Jean Varet - Artcolle Magazine N°4, 2015.

Manivelle

Le collage, c'est une manivelle pour l'imagination.

Steyskal - Durozoi, Histoire du surréalisme, Hazan , 1997.

Matière

A travers mes " matières d'imaginaires ", peuvent se lire des cosmos intérieurs nourris de ce fil d'Ariane de l'enfance, effluve si ténu mais si définitivement présent. Je me promène dans des morceaux de matières dont j'ai fabriqué l'histoire par mes manipulations de peintre, à partir de livres de mémoire sensorielle et affective. Reflets quittés, pour mieux les redécouvrir ensevelis sous des couches où conscient et inconscient agissent dans un duo créatif, porteur de vie et d'émotions salvatrices. Miroirs tendus qui, peut-être, résonneront de vos regards...

Dov - L'art du collage dans tous ses états, Éditions PJ Varet, 2009.

Médiateur

La découverte du collage m'est venue à l'occasion de ma formation pour devenir art-thérapeute. Je me suis rendue compte que, plus que de simple assemblage d'images ou de photos, il s'agissait là d'un véritable médiateur d'une intensité incroyable, tant au niveau de la réalisation que de l'effet produit.

Valérie Joly-Maronne - Les techniques de l'art du collage, Éditions PJ Varet, 2011.

Médiation

Le collage est un rêve de médiation.

André Breton - catalogue d'exposition Collages Surréalistes, Galerie Zabriskie, Paris, 1990.

Mélodie

Découper les mots, accrocher les signes le long de déchirures, s'inventer une poésie graphique. Une mélodie de signes. Evidente.

Christian Gastaldi - Les techniques de l'art du collage, Éditions PJ Varet, 2011.

Mensonge

S'introduire entre ces couches si bien appliquées l'une après l'autre qu'elles semblent n'en faire plus qu'une, comme entre ces affiches superposées sur les palissades, ces portraits de chefs d'état qui se succèdent à l'intérieur des cadres dans les bâtiments officiels. Se transformer en lame de couteau, en scalpel pour crever l'outre du mensonge, vider l'abscès.

Michel Butor - catalogue d'exposition Rencontres, cinquante ans de collages, Galerie Claudine Lustman, Paris, 1991.

Métier

C'est mon métier de tout disséquer pour ensuite en rassembler les morceaux d'une manière nouvelle ou les remplacer par d'autres.

Jiri Kolar - Siamiaca, Éditions La petite pierre, 1995.

Mineur

L'art du collage est souvent considéré comme un art mineur.

Il faudrait donc savoir à partir de quel âge un art est considéré comme étant majeur ?

Pierre Jean Varet - De l'art du collage et des collagistes, Éditions PJ Varet, 2015.

Mobile

Le collage suppose une idée latente qui en révèle les intentions et le mobile

Matteo Bianchi - L'esprit du collage, Pagine d'arte 2010.

Morceaux

Le collage s'est présenté comme manifeste parallèle à ce que j'étais en train de vivre : je voulais recoller les morceaux de ma vie et je suis repartie à partir de morceaux de peintures découpées réalisées avant mon accident.

Marie Louise Depaire - Les techniques de l'art du collage, Éditions PJ Varet, 2011.

Je colle et/ou recolle des morceaux de ma vie, de ce qui m'enchante ou m'agresse essayant néanmoins de ne pas rompre le dialogue et de formuler ce que je ne m'explique pas : actrice et spectatrice d'un monde en perpétuel mouvement.

Laurence Savelli - Les techniques de l'art du collage, Éditions PJ Varet, 2011.

Mort

De manière générale, le collage d'anciennes matières vivantes, ainsi régénérées et comme embaumées, participe à la mise en valeur de ce qui reste encore vivant après la mort.

Jean Pierre Fruit - L'art du collage à l'aube du XXIème siècle, Éditions PJ Varet, 2006.

Mosaique

J'ai commencé les collages un peu comme on compose une mosaïque, en associant côte à côte ce que j'appelais (et appelle encore) mes "fragments". Ce n'était pas des miettes de céramique, mais de petits bouts de papier carrés et rectangulaires.

Michel Coquery - L'art du collage dans tous ses états, Éditions PJ Varet, 2009.

Mots

Dès que des matériaux sont déplacés dans le champ de l'œuvre, ils sont comme des mots, ils deviennent des équivalents plastiques.

Nicole Tuffeli - Artstudio N°23, 1991.

Mon premier collage de mots a été comme une révélation. J'avais sous les yeux mon moi le plus intime projeté sur une toile. Quel étonnement de me reconnaître dans cette explosion de mots colorés jaillis tout droit de mon imaginaire!

Agnès Cukier - L'art du collage au coeur de la création,

Moyen

Le collage est l'un des moyens d'expression de la poésie.

Albert Marencin - catalogue d'exposition Le collage surréaliste en 1978, Galerie Le Triskèle, 1978.

Tout ce qui nous aide à ouvrir les yeux sur autre chose a mon approbation.

Le collage en reste un moyen, mais il faut s'en servir en sachant son histoire, en luttant contre ses poncifs.

Roger Cardinal - catalogue d'exposition Le collage surréaliste en 1978, Galerie Le Triskèle, 1978.

Multiple

Du ticket de métro ramassé dans la rue à la plume exotique receuillie au bout du monde, de la lacération au soin maniaque, le collage est multiple.

Françoise Monnin - catalogue d'exposition Collages Assemblages, M.J.C. Les hauts de Belleville, Paris 1990.

N

Naissance

C'est ce choeur dans le coeur qui exprime et fait chanter sa voix par-delà les murs de l'atelier. Un nuage de formes, de couleurs et de matières tourbillonne à folle allure pendant qu'il bat...

Il bat, il bat encore, il accélère, encore plus vite, encore plus fort, de plus en plus et puis soudain ! ...

Soudain, tout est dit.

Il est.

Je lui donne un nom.

J'y appose le mien.

Un nouveau collage est né.

Lise Menu - L'art du collage au coeur de la création,

Éditions PJ Varet, 2014.

Nausée

Après une centaine ou un millier de regards et de papiers découpés et encollés, on a presque la nausée... c'est le signe que le collage est fini. Je me suis bien nourri et je suis prêt à le mettre à côté et à faire de la place à un nouveau support tout vide. Vide !

Antonio D'Onghia - L'art du collage au coeur de la création, Éditions PJ Varet, 2014.

Non dît

Tous les peintres qu'on a pu appeler surréalistes ont employé le collage, au moins passagèrement.

Louis Aragon - préface au catalogue d'exposition La peinture au défi, galerie Goemans, 1930.

Notoriété

A l'exception, toute relative, de Jiri Kolar, aucun " maître de l'art vivant " ne semble avoir atteint et conservé la notoriété sur base d'un travail exclusivement collagistique.

Jacques Dubois, Philippe Dubois, Francis Edeline, Jean-Marie Klinkenberg, Philippe Minguet , Revue d'Esthétique N°3-4, 1978.

Numérique

Aujourd'hui, l'art du collage et de l'assemblage, allié à la technologie du numérique, me permet d'exprimer idéalement, mes émotions et mes aspirations, cristallisées dans un univers onirique.

Mira Céti - L'art du collage dans tous ses états, Éditions PJ Varet, 2009.

O

Objet

Le collage s'est introduit sournoisement dans nos objets usuels.

Max Ernst, Au delà de la peinture, 1936.

Obsession

Avant tout, une obsession : le passage d'une couleur et d'une matière à une autre, nette, cassante ou presque invisible pour mieux mêler l'animal, le minéral, le gazeux, le végétal... L'écaille de poisson se mêlant à l'écorce de l'arbre, sans qu'il n'y ait, surtout, ni arbre ni poisson. Incognito, faire s'accorder l'improbable.

Juliette Paoli - Les techniques de l'art du collage, Éditions PJ Varet, 2011.

Odeur

Mes collages, c'est d'abord une histoire d'odeurs qui remonte à mon enfance : l'odeur de papier frais de mes cahiers d'écolière, l'odeur de vieux papier usé des dictionnaires.

Carine Kool - Les techniques de l'art du collage, Éditions PJ Varet, 2011.

Opposition

Le collage peut devenir un procédé poétique, parfaitement opposable dans ses fins au collage cubiste dont l'intention est purement réaliste.

Louis Aragon - Max Ernst, peintre des illusions, 1923.

Ordre

J'ai besoin de créer des collages pour respirer et faire de l'ordre dans mon monde.

Sandee Johnson - La liberté est un collage, Éditions PJ Varet, 2012.

Original

Le collage c'est à la fois l'original et le modèle.

Erro - numéro hors série de Beaux Arts Magazine,

2000.

Origine

Le collage a été sans aucun doute à l'origine de la manière de penser du XXème siècle, entrainant de multiples chambardements par l'introduction effective ou méthodologique de notions telles que rupture, confrontation, hétérogénéité, syncope, écart...

Jean Louis Flecniakoska - Le collage et après, Éditions l'Harmattan, 2000.

Oxymore

Le collage se fonde sur l'idée de la variété pouvant aller parfois jusqu'à l'oxymore

Matteo Bianchi - L'esprit du collage, Pagine d'arte, 2010.

P

Pansement

L'art du collage est souvent utilisé en art thérapie, et c'est un paradoxe que d'utiliser comme pansement un art qui est lui même de par ses techniques, entre découpage et déchirement, une plaie.

Pierre Jean Varet - De l'art du collage et des collagistes, Éditions PJ Varet, 2015.

Papier

Devant chaque toile, le peintre crée sa palette, travaille les couleurs qu'il va marier ; devant chaque collage, le collagiste récupère, recycle ses trésors de papiers.

Karine Gacha - Les techniques de l'art du collage, deuxième volume, Éditions PJ Varet, 2016.

J'investis les miettes de papiers anciens comme un terrain d'exploration tutoyant à mon cœur de papier crépon.

Françoise Maine - Les techniques de l'art du collage, premier volume, Éditions PJ Varet, 2016.

Papier collé : le grand coup, ce fut le papier collé.

Georges Braque - Artstudio N°23, 1991.

En ce qui concerne ce que l'on a appelé les papiers collés, je peux vous dire avec précision qu'ils sont nés en 1912 à Montmartre : c'est Appolinaire qui en a suggéré l'idée à moi-même, à Picasso et à Braque. Les raisons pour lesquelles Apollinaire nous a donnés ces suggestions étaient les suivantes : premièrement, le besoin, à cette époque de comprendre le sens d'une réalité plus profonde et intérieure qui serait née du contraste des matériaux employés directement comme des choses positionnées en juxtaposition à des éléments lyriques.

Severini - catalogue d'exposition Jackson Mac Low, Galerie 1900-2000, Paris, 2012.

Le papier dure aussi longtemps que la peinture et après, si tout vieillit ensemble, pourquoi pas ? Plus tard personne ne verra le tableau. On verra la légende que le tableau a créée, alors qu'importe que le tableau dure ou ne dure pas. Ils feront des restaurations, mais un tableau n'existe que par sa légende et pas par autre chose : le papier collé peut tout aussi bien entrer dans la légende

Picasso - Propos sur l'art, Éditions Gallimard, 1998.

Papillon

Le collage est ma façon de pouvoir encore courir après les papillons, d'ériger des utopies, de croire encore à l'amour en demeurant un ébloui de la vie.

André Bernard - Ma chandelle est vive, je n'ai pas de dieu, Éditions Atelier de création libertaire, 2008.

Puissent mes papiers découpés devenir les mots ailés qui scintillent en l'air comme des papillons pour vous emporter dans un autre monde.

Hélène Donadieu - Les techniques de l'art du collage, deuxième volume, Éditions PJ Varet, 2016.

Paresse

Paresseuse pour l'écriture, je trouve à travers le collage le moyen d'exprimer mes idées et mes vues sur le monde.

Catherine Vivien - Les techniques de l'art du collage, Éditions PJ Varet, 2011.

Parfum

J'aimais tellement le parfum du papier que de temps en temps je mangeais quelques coins de mes dessins. Le collage aujourd'hui me permet de réunir ma peinture et mes traits avec le papier, la colle et son parfum.

Anna R. Rebecchi - Les techniques de l'art du collage, Éditions PJ Varet, 2011.

Passé

Il existe certainement de profondes affinités entre un art ou une technique et la réalité mentale de l'individu qui les utilise. Arracher, déchirer, coller, découper, tous ces mots familiers défilent dans ma tête comme les traces d'une activité passée qui se passait de mots.

Vincent Courtois - Les techniques de l'art du collage, Éditions PJ Varet, 2011.

Quiconque s'est essayé à cette activité aura certainement ressenti cette impression de l'avoir déjà expérimentée dans un passé plus ou moins enfoui. Et d'en retrouver immédiatement les gestes fondateurs : fouiller, découper, déchirer, associer...

Bertrand Athouel - Les techniques de l'art du collage, Éditions PJ Varet, 2011.

Pauvre

Le collage est pauvre. Longtemps encore on en niera la valeur.

Louis Aragon - préface au catalogue d'exposition La peinture au défi, Galerie Goemans, 1930.

Pauvreté

Le collage est pauvre et revendique fièrement sa pauvreté.

Sonia Delaunay - Herta Wescher, Collage , Abrams, 1971.

Pédagogie

Les méthodes pédagogiques modernes voient plus encore que par le passé les enseignants recourir à la pratique du collage pour offrir aux enfants la liberté de s'exprimer, sans contrainte d'ordre intellectuel ou technique.

Martin Monnestier - L'art du collage, Éditions Dessain et Tolra, 1996.

Peindre

Peindre avec du papier, les doigts poisseux de colle est un plaisir renouvelé à chaque ouvrage, une façon de communiquer mes émo-tions, mes choix, mes goûts et si les regards posés sur ces collages peuvent les ressentir, je suis tout simplement heureuse.

Maryse Konecki - Les techniques de l'art du collage, premier volume, Éditions PJ Varet, 2016.

Peintre

Je suis un peintre de photos et de textes que l'on accroche au mur.

Jean Le Gac - catalogue de l'exposition Collages, collection des musées de province , Musée d'art moderne Villeneuve d'Ascq, 1991.

Quand on est peintre, l'envie de peindre parfois nous délaisse. Le pinceau semble trop réducteur à une certaine poésie qu'on voudrait entendre différemment. Alors le collage arrive avec ses nouvelles perspectives.

Catherine Wagner Dudenhoeffer - L'art du collage dans tous ses états, Éditions PJ Varet, 2009.

Collages, transferts, incrustations se mêlent sans complexe à l'acrylique dont j'ai fait mon médium. Alors peintre ? Allez savoir...

Michel Galliot - L'art du collage dans tous ses états, Éditions PJ Varet, 2009.

Tu ne sais pas dessiner, tu ne sais pas peindre, mais tu

es peintre.

Picasso à Prévert, au sujet des collages de ce dernier - Yves Courrière, Jacques Prévert, Éditions Gallimard, 2000.

Alors, pourquoi, quand on est peintre, se met-on au collage ? Pour élargir les potentialités créatrices de la peinture, répondent certains. Pour explorer d'autres possibles et s'adonner à cette poésie visuelle, immédiate, totale qu'est le Collage, affirment les autres !

Guy Savel - L'art du collage dans tous ses états, Éditions PJ Varet, 2009.

Peinture

J'aime qu'une peinture soit à la limite de n'être plus une peinture. C'est à l'instant de disparaître que le cygne chante.

Jean Dubuffet - Villeglé, la présentation en jugement, Bernard Lamarche-Vadel, Éditions Marval, 1990.

Pensée

Le papier collé, sous tant de différents aspects, marque dans l'évolution de la peinture le moment le plus poétique, le plus révolutionnaire, le touchant essor vers des hypothèses plus viables, une grande intimité avec les vérités quotidiennes, l'affirmation invincible du provisoire et des matières temporelles et périssables, la souveraineté de la pensée.

Tristan Tzara - Le papier collé ou le proverbe en peinture, 1931.

Pérennisation

L'art du collage est un mode d'expression vulnérable, parfois fugitive, peut-être à sa manière nous permet-il de mieux prendre conscience de la fragilité de nos idées, des liens qui unissent les êtres, de la prétention à croire en la pérennisation.

André Bernard - Ma chandelle est vive, je n'ai pas de dieu, Éditions Atelier de création libertaire, 2008.

Perspective

On a souvent comparé l'invention du collage à la mise en place au début de la Renaissance, du système perspectif des peintres.

Florian Rodari - Le collage, Éditions Skira, 1988.

Photographie

Désacraliser la photographie. Sortir du cadre de l'image. Intervenir sur l'image. Composer avec les lignes, les couleurs, chercher un mouvement, un rythme, une harmonie... Explorer une matière : le papier. Voilà ce que m'a offert le collage.

Joelle Jourdan - L'art du collage dans tous ses états, Éditions PJ Varet, 2009.

Photomontage

En 1918 j'étais dans un petit hameau de la Baltique. Dans presque toutes les maisons se trouvait accrochée au mur une lithographie en couleurs représentant sur un fond de caserne, l'image d'un grenadier. Pour rendre ce mémento militaire plus personnel, on avait collé à la place de la tête un portrait photographique du soldat. Ce fut comme un éclair, on pourrait - je le vis instantanément - faire des tableaux entièrement composés de photos découpés. C'est comme que j'eus l'idée d'inventer le photomontage.

Raoul Hausmann - Courrier Dada, 1958.

J'ai stoppé la photographie argentique pour le photomontage, où l'on peut assembler des images de plusieurs photographes, donc pluraliser l'antique mythe du créateur spécifique, et multiplier les points de vue par rapport à un thème unique.

Jean Luc Bohin - L'art du collage dans tous ses états, Éditions PJ Varet, 2009.

Dans l'histoire de la technique photographique, le photomontage désigne en réalité l'assemblage de différents négatifs, tirés à part, découpés puis rephotographiés ensemble. Cette pratique fut courante dans les années 1850. Victor Hugo, toujours à l'avant-garde en matière de technique graphique, l'expérimenta dès 1853, en exil à Jersey avec ses fils.

Françoise Heilbrun - catalogue d'exposition Album de collages de l'Angleterre Victorienne, Musée d'Orsay, Paris, 1997.

Pièces-détachées

Tout concourt à ne retenir du collage que son origine, c'est-à-dire la présence de pièces détachées.

Jean Louis Flecniakoska - Le collage et après, Éditions l'Harmattan, 2000.

Piste

Sans cesse ouvrir les yeux sur ce qui nous entoure, ce que l'on croise sans s'en rendre compte, trouver la beauté dans une couleur de feuille, le tissu d'une robe qui passe...

Plisser, froisser, gratter, coller. Dessus ? Dessous ? Et la peinture vient pour brouiller les pistes. Où s'arrête le collage, où commence la peinture ?

Véronique Ducasse - L'art du collage au coeur de la création, Éditions PJ Varet, 2014.

Place

L'Art du Collage n'en finit pas de chercher sa place !

Guy Savel - L'art du collage au coeur de la création, Éditions PJ Varet, 2014.

Quand je réalise un collage, je suis à ma place.

Agnès Liegey Charles - L'art du collage au coeur de la création, Éditions PJ Varet, 2014.

Je me suis mise à faire des collages car je n'avais plus la place pour faire de la peinture.

Mary Beach - Mille Milliards de collages par Bruno Sourdin, Éditions Les deux Siciles, 2002.

Plaisir

Un pur plaisir tant physique que sensoriel de déchirer ou découper, froisser, plisser... Quelle que soit son histoire, le papier, sec ou mouillé, d'image devient matière.

Sylvia Guérin-Harvois - L'art du collage dans tous ses états, Éditions PJ Varet, 2009.

Plume

Si ce sont les plumes qui font le plumage, ce n'est pas la

colle qui fait le collage.

Max Ernst - Une semaine de bonté, Dover publications, 1976.

Poème

Je n'ai pas la sensation de faire du collage, mais plutôt de réaliser, à l'aide de quelques papiers collés, des poèmes que j'aurais eu la paresse - ou la lucidité - de ne pas écrire.

Pierre-Jean Varet - Petits collages en prose - Réflexions sur l'art du collage, Éditions PJ Varet, 2009.

Le collage n'est pas l'illustration d'un poème, il est lui même un poème.

Albert Marencin - catalogue d'exposition Le collage surréaliste en 1978, Galerie Le Triskèle, 1978.

Poésie

Collage et poésie sont les deux faces artistiques d'une même médaille. Je passe de l'un à l'autre sans coupure, ce sont les différents reflets d'un même fleuve intérieur. Il y a un lien subtil entre les deux, ils dégagent un sens immédiat et à la fois mystérieux, quelque chose qui atteint l'essence du réel. C'est grâce à eux que j'ai découvert (ou mieux, redécouvert) ma véritable langue expressive.

Adriana Langtry Carreri - L'art du collage dans tous ses états, Éditions PJ Varet, 2009.

Le surréalisme a d'emblée trouvé son compte dans les collages de 1920 dans lesquels se traduit une proposition d'organisation visuelle absolument vierge, mais correspondant à ce qui a été voulu en poésie par Lautréamont et Rimbaud.

André Breton, 1945 - Florian Rodari - Le collage, Éditions Skira, 1988.

Entre assemblage et collage de mots (poésie) et assemblage et collage de matériaux (collage), il n'y a qu'un jeu de mot qui diffère du point de vue de l'action.

Pierre Jean Varet - Petits collages en prose - Réflexions sur l'art du collage, Éditions PJ Varet, 2009.

Poétique

On peut coller des poèmes, comme on peut écrire des collages : si le sentiment poétique est le point de départ de la composition, la poésie peut se passer de la plume, comme le collage peut se passer de la colle.

Pierre Jean Varet - Petits collages en prose - Réflexions sur l'art du collage, Éditions PJ Varet, 2009.

Politique

Voir, découvrir, ramasser, collecter, déchirer, composer, décomposer, coller, souder, lier, relier pour accéder à la beauté, à l'émotion, à la vision esthétique mais aussi politique d'une nouvelle vie. L'une ne va pas sans l'autre, sinon elle relève de la mode et celle-ci est tellement passagère et flatteuse qu'elle nous laisse douter de toute sincérité.

Michel Gruber - La liberté est un collage, Éditions PJ Varet, 2012.

Porte

On frappe à ma porte : collage ? collage ?

Je n'ose répondre.

André Mimiague - catalogue d'exposition Le collage surréaliste en 1978, Galerie Le Triskèle, 1978.

Poubelle

Je fouille les poubelles de la société du spectacle et de la mémoire collective télévisée des consommateurs.

Claude Pélieu - Mille Milliards de collages par Bruno Sourdin, Éditions Les deux Siciles, 2002.

Pas de poubelle alentour... et un papier journal

encombrant à côté de moi... Il ne me restait plus qu'à le coller sur la toile que j'étais en train de peindre !

Pascale Nesson - L'art du collage dans tous ses états, Éditions PJ Varet, 2009.

Prédiction

Vous allez simplifier la peinture.

Prédiction de Gustave Moreau faite à Matisse - Matisse gouaches découpées, Éditions Taschen 1994.

Prémonition

J'ai souvent la surprise lorsque le collage est terminé, de me trouver devant un travail prémonitoire ou devant mon histoire du moment racontée en images.

Jack Ross - L'art du collage au coeur de la création, Éditions PJ Varet, 2014.

Prévert

Le collage pratiqué par Prévert est un prolongement direct de son écriture imagé.

Catalogue d'exposition Jacques Prévert, Paris la belle, Mairie de Paris, 2008.

Les collages de Prévert jouent sur le détournement d'aphorismes, ou d'expressions populaires, la relecture ou la réappropriation d'images existantes.

Catalogue d'exposition Jacques Prévert, Paris la belle, Mairie de Paris, 2008.

Prévert est une métaphore idéale du collage dont il illustre le souffle.

Matteo Bianchi - L'esprit du collage, Pagine d'arte 2010.

Principe

Considérer le collage comme un principe ou une opération mentale peut être une voie d'approche pertinente.

Joëlle Pijaudier - catalogue de l'exposition Collages, collection des musées de province , Musée d'Unterlinden, Colmar, 1990.

Plus qu'une pratique le collage est un principe qui sert de support à toutes les techniques et favorise toutes les expressions, qu'elles soient visuelles, musicales ou littéraires.

Florian Rodari - Le collage, Éditions Skira, 1988.

Procédé

Le procédé de Matisse est tout neuf. Il n'a pas servi. Il ne peut entrer dans aucune catégorie : ni celle des cubistes, des abstraits, des dadaïstes.

Gilles Néret - Matisse gouaches découpées, Éditions Taschen 1994.

Processus

Ce qui m'intéresse et ce qui m'émeut dans la pratique du collage, c'est ce processus de "destruction - reconstruction" d'une matière pré-existante, à la recherche d'un sens nouveau, en laissant intervenir le hasard et la poésie de la matière.

Nathalie Bergeron-Duval - L'art du collage à l'aube du XXIème siècle, Éditions PJ Varet, 2006.

Prose

A l'occasion d'une exposition dans les rues, une galerie me proposa ses cimaises : je découvris ainsi que, comme M. Jourdain faisait de la prose en parlant, je faisais du collage en m'exprimant.

Françoise Autret - Les techniques de l'art du collage, Éditions PJ Varet, 2011.

Puzzle

Le collagiste fait ce qu'il veut envers et contre tous, traquant le secret d'un mystère, la pièce manquante d'un puzzle.

Claude Pélieu - Mille Milliards de collages par Bruno Sourdin, Éditions Les deux Siciles, 2002.

R

Recoller

J'utilise le collage comme technique privilégiée, parce qu'il permet d'intégrer des papiers ayant voyagé, parce qu'il permet de donner une seconde vie à ceux-là, voués à la poubelle!

Un souci permanent de " recoller ", de ne pas abandonner, de prolonger cette chaîne humaine en se sentant relié.

Emmanuelle Roches - L'art du collage dans tous ses états, Éditions PJ Varet, 2009.

Recommencer

Pour un bon collage :

Parcourir, feuilleter, sélectionner, découper, détourner,

cadrer, recadrer, ôter, rajouter, transformer, renforcer, modifier, supprimer, rechercher, décaler, comparer, confronter, diviser, morceler, trancher, retrancher, tailler, fractionner, scinder, partager, raccourcir, enlever, détacher, sceller, lier, assembler, appuyer, colorier, aquareller, teinter, coller et peut-être... tout recommencer.

Michel Vicario - L'art du collage au coeur de la création, Éditions PJ Varet, 2014.

Recomposition

L'art du collage c'est en somme notre monde désarticulé qui tente de se recomposer à travers une suite d'éclairs éphémères...

C'est la vie même, éclatée, morcelée, en proie à l'inconsolable recherche de son unité perdue.

Alain Grimbert - L'art du collage dans tous ses états, Éditions PJ Varet, 2009.

Reconciliation

Le collage permet de réconcilier deux réalités lointaines sur un plan nouveau et inattendu.

Max Ernst - catalogue d'exposition Collages Surréalistes, Galerie Zabriskie, Paris, 1990.

Recul

Regarder un collage nécessite de prendre du recul afin de se laisser décrypter, comme la vie.

Paul Klee - cité dans le catalogue d'exposition Symposium Art Kollage, Plovdiv, Bulgarie, 2000.

Récupération

Ma passion du collage est liée à une autre passion : celle de la récupération - du papier plus particulièrement. Je pratique ces techniques depuis l'enfance, elles sont indissociables. Le collage est une continuité et la récupération de papier une source d'inspiration : c'est un cycle qui recommence à chaque création.

Lucie Monnier - L'art du collage dans tous ses états, Éditions PJ Varet, 2009.

Recyclage

Le recyclage semble être aussi un mobile très fort pour le collagiste qui va même jusqu'à recycler ses propres collages en les collant dans d'autres collages. Un collage dans le collage dans un autre collage : vertige de la mise en abyme !

Catherine Wagner Dudenhoeffer - L'art du collage dans tous ses états, Éditions PJ Varet, 2009.

Transformer un matériau promis à la destruction pour en

faire une couleur, une matière, et enfin une oeuvre à part entière, semble aujourd'hui une évidence. Le recyclage est devenu indispensable à notre société. Depuis, je ne conçois plus la peinture sans collages. Ils sont l'expression d'une nouvelle perception de notre environnement, d'une prise de conscience de nouveaux besoins et donc... de mes toiles.

Pascale Nesson - L'art du collage dans tous ses états, Éditions PJ Varet, 2009.

Si le Collage est l'art d'accommoder les restes, que dire alors d'un collage réalisé avec des résidus de précédents travaux... Le recy-clage atteint ici ses limites.

Bertrand Athouel - Les techniques de l'art du collage, deuxième volume, Éditions PJ Varet, 2016.

Réduction

Le collage réduit à une simple prouesse technique ou esthétique est d'un intérêt exactement nul.

Jacques Merceron - catalogue d'exposition Le collage surréaliste en 1978, Galerie Le Triskèle, 1978.

Réel

Il arrive aussi au collage d'émerger du concret et alors de signifier un souvenir du réel.

Valentine Oncins - Le collage et après, Éditions

Dictionnaire thématique des citations relatives à l'art du collage

l'Harmattan, 2000.

L'apparition du collage en 1912 constitue l'un des moments déterminants du débat sur le réel.

Germain Viatte - catalogue de l'exposition Collages, collection des musées de province , Musée d'Unterlinden, Colmar, 1990.

Référence

Depuis le temps que je fais des collages j'ai fini par m'aviser qu'un certains nombre d'entre eux comportaient des références explicites, quoique non préméditées, à des artistes, des poètes, des penseurs qui avaient marqué mon existence.

Jean-Pierre Guillon -   Galerie d'ancêtres, Editions Rose-Hôtel, 2007.

Reflet

Avant tout, ce sont les éléments choisis qui " collent " entre eux ; Ils sont le reflet de mon imaginaire. Antoine Lavoisier annonce : " Rien ne se perd, rien ne se crée, tout se transforme ". Cette pensée s'adapte au collage ; pourquoi limiter un objet, une matière, une image à une utilisation unique, rationnelle ?

Roxi Cori - L'art du collage dans tous ses états, Éditions

PJ Varet, 2009.

Regard

Le collage pour moi a été destiné de prime abord au regard de l'autre. Il y a eu concomitance d'un désir d'occuper, d'enluminer - et donc de donner à voir - et d'un désir de créer, recréer artisanalement cet ajout - et donc de donner à lire.

Carine Kool - Les techniques de l'art du collage, Éditions PJ Varet, 2011.

Réinvention

La concentration mentale imposée par certaines images au cours de la réalisation d'un collage rend possible une réinvention du monde sous la forme du merveilleux et du fantastique.

Conroy Maddox - catalogue d'exposition " Le collage surréaliste en 1978 ", galerie Le Triskèle, 1978.

Rencontre

Le collage est la rencontre fortuite de deux réalités distantes.

Max Ernst - catalogue de l'exposition Max Ernst Une semaine de bonté, les collages originaux , Musée d'Orsay,

Éditions Gallimard, 2009.

L'histoire d'un collage ne saurait en effet se dissocier de celle des conditions de sa création : le collage est avant tout affaire de rencontres préalables, de trouvailles et de manipulations secrètes.

Bertrand Athouel - L'art du collage dans tous ses états, Éditions PJ Varet, 2009.

Répétition

Réfléchir et travailler avec le collage est une étape inévitable pour tout artiste ou poète qui ne veut pas se répéter ou rester assujetti aux modalités du 19ème siècle ou des siècles précédents.

Pierre Joris - catalogue d'exposition Jackson Mac Low, galerie 1900-2000, Paris, 2012.

Respectabilité

Les collectionneurs sont dubitatifs et les critiques d'art vociférant : le collage est une technique trop adorés par les fous et les enfants pour être respectable.

Françoise Monnin - catalogue d'exposition 80 ans de collage, Hôtel du département, Digne-les-Bains, 1993.

Respiration

Le collage est devenu une respiration essentielle à ma vie. Il a longtemps été pour moi comme un fil de pêche s'engouffrant dans de noires profondeurs d'où il remonterait ensuite des " mots d'images " jusqu'alors tenus secrets pour tant de raisons...

Lise Menu - Les techniques de l'art du collage, Éditions PJ Varet, 2011.

Retour

Le collage, c'est un peu l'éternel retour d'une heureuse rencontre : celle des gestes, des images perdues (et même du refoulé, ajouteront certains !).

Bertrand Athouel - Les techniques de l'art du collage, Éditions PJ Varet, 2011.

Rêve

Je rêve toujours en couleurs et les compositions de mes collages me viennent juste avant le réveil.

Gérard Siémons -L'art du collage dans tous ses états, Éditions PJ Varet, 2009.

Des millions d'images défilent chaque jour devant nos yeux. La tentation de les associer un peu différemment est une opération naturelle de l'esprit, tout comme le rêve.

Philippe Lemaire - L'art du collage dans tous ses états,

Éditions PJ Varet, 2009.

Révélation

Mon premier collage, réalisé en 1987, a été une révélation décisive qui m'a ouvert une nouvelle voie d'expérimentations créatives.

Mira Céti - Les techniques de l'art du collage, Éditions PJ Varet, 2011.

Revenir

Comment en vient-on au collage ? Peut-être conviendrait -il aussi de se demander comment on revient au collage. Car le remarquable, dans cette pratique collagiste, tient pour moi dans ce sentiment particulier de déjà-vu et de déjà fait.

Bertrand Athouel - L'art du collage dans tous ses états, Éditions PJ Varet, 2009.

Révolution

Le collage est la seule innovation formelle révolutionnaire dans la représentation artistique du XXème siècle.

Gregory Ulmer - catalogue d'exposition Jackson Mac Low, Galerie 1900-2000, Paris, 2012.

Aragon souligne chez Heartfield la portée politique du photomontage : une arme dans la lutte révolutionnaire du prolétariat.

Eza Adamowicz - Ceci n'est pas un tableau - Editions Mélusine, 2004.

La découverte du papier collé a été une révolution, l'accomplissement de la révolution moderne dans la peinture.

C. Greenberg - The pasted-papier revolution , Art News, 1958.

La grande révolution de Max Ernst est que l'art ne parle plus de l'art mais d'une vaste imagerie au-delà de cet art.

Werner Spies - Artstudio N°23, 1991.

Rime

Enfin, collez les rimes - je veux dire les éléments préalablement découpés -en gardant en mémoire quelques règles simples de composition, ou en vous préservant de ces règles par l'utilisation de la licence poétique.

Pierre Jean Varet - Petits collages en prose - Réflexions sur l'art du collage, Éditions PJ Varet, 2009.

Ring

Il faut sauter dans l'arène, monter sur le ring et se coltiner la toile.

Christian Gastaldi - L'art du collage au coeur de la création, Éditions PJ Varet, 2014.

Roman-collage

Un jour de l'an 1919, par un temps ... de pluie dans une ville au bord du Rhin. Je fus frappé par l'obsession qu'exerçaient sur mon regard irrité les pages d'un catalogue illustré où figuraient des objets pour démonstration anthropologique, microscopique, psychologique, minéralogique et paléontologique. J'y trouvais réunis des éléments de figuration tellement distants que l'absurdité même de cet assemblage provoqua en moi une intensification subite des facultés visionnaires et fît naître une succession d'images contradictoires, images doubles, triples et multiples, se superposant les une aux autres avec la persistance et la rapidité qui sont le propre des souvenirs amoureux et des visions de demi sommeil...Il suffisait alors d'ajouter sur ces pages de catalogue, en peignant ou dessinant, et pour cela en ne faisant que reproduire docilement ce qui se voyait en moi, une couleur, un crayonnage...pour transformer en drame révélant mes plus secrets désirs, ce qui n'étaient auparavant que banales pages de publicité.

Max Ernst, Au delà de la peinture, 1948.

S

Sacré

Des objets de la vie de tous les jours que l'on peut ramasser, posséder et utiliser régulièrement peuvent acquérir un sens sacré et représenter une harmonie culturelle. Le sens sacré attaché à ces objets et la perception de ce qui est beau diminuent avec le temps parce que les gens n'interagissent pas de manière intime pour créer un jugement de ce qui a de la valeur.

Lynda Andrus - La liberté est un collage, Éditions PJ Varet, 2012.

Scrapbooking

Le scrapbooking est à l'art du collage ce que la pâte à modeler est à la sculpture.

Pierre Jean Varet - Le pur scrapbooking, Éditions PJ Varet, 2016.

Sculpture

Du collage à l'assemblage le pas est vite fait, il mène à la sculpture par accumulation, même si la sculpture suit le mouvement inverse qui consiste à enlever.

Matteo Bianchi - L'esprit du collage, pagine d'arte 2010.

Secret

Je reste persuadée qu'aucun de mes colocataires n'a remarqué qu'au plafond de mon atelier se trouvent collés trois petits portraits : Arthur Rimbaud, John Lennon et Kurt Cobain. Ils surveillent, inspirent et motivent à chaque instant la jeune artiste qui s'agite sous eux.

Chut ! C'est le secret de l'atelier.

Cécile Piton - L'art du collage au coeur de la création, Éditions PJ Varet, 2014.

Sens

Le collage est la sensibilité de la fracture d'où émerge le sens.

Bertrand Rougé - Artstudio N°23, 1991.

Sensibilité

Aucune forme d'art n'a égalé le collage dans le domaine de la sensibilité et de ses rapports avec l'imagination.

Conroy Maddox - catalogue d'exposition " Le collage surréaliste en 1978 ", galerie Le Triskèle, 1978.

Silence

Il me faut du silence, beaucoup de silence ; on ne colle pas au hasard. Petit à petit, les papiers se superposent, jouent avec la transparence du papier de soie, l'épaisseur du carton et les mots des journaux. État de grâce. Le temps est en suspens.

Alessandra Carlier-Checchia - L'art du collage au coeur de la création, Éditions PJ Varet, 2014.

Il m'est difficile de parler de mes collages. L'art c'est le silence.

Sylvia Netcheva - Les techniques de l'art du collage, premier volume, Éditions PJ Varet, 2016.

Singer

Peut-on faire du collage aujourd'hui ? Oui, à condition de ne pas passer par les tentations de la nostalgie : on ne peut plus singer Schwitters (même en ramassant des tickets d'autobus de 1978) ni Ernst (même en découpant des albums de dessins tout neufs) etc.

Roger Cardinal - catalogue d'exposition Le collage surréaliste en 1978, Galerie Le Triskèle, 1978.

Sismographe

Il me semble qu'on peut affirmer que le collage est un instrument hyper-sensible et rigoureusement juste, semblable au sismographe, capable d'enregistrer la quantité exacte des possibilités de bonheur humain à toute époque.

Aurélien Dauguet - catalogue d'exposition Le collage surréaliste en 1978, Galerie Le Triskèle, 1978.

Social

Au fond je ne comprenais pas pourquoi on ne pouvait utiliser, dans un tableau, au même titre que les couleurs fabriquées par les marchands, des matériaux tels que : vieux billets de train ou de métro, morceaux de bois délavés, tickets de vestiaire, bouts de ficelle, rayons de vélo, en un mot tout le bric à brac qui traine dans les cabinets de débarras ou sur les tas d'ordures. C'était là, en quelque sorte, un point de vue social, et, sur le plan artistique, un plaisir personnel

Kurt Schwitters - catalogue d'exposition Kurt, Cologne, 1967.

Le collage peut remplir des fonctions aussi éloignées que l'expression poétique et l'engagement social

Matteo Bianchi , L'esprit du collage, Pagine d'arte 2010.

Spontanéité

Avec les collages, la rapidité du travail m'entraine vers les décisions les plus spontanées.

Estève - catalogue de l'exposition Collages, collection des musées de province, Musée d'Unterlinden, Colmar, 1990.

Strate

Par le collage et la technique mixte, archéologues de l'éphémère nous avançons sur la fragilité des signes et nous fouillons les strates de la mémoire inconsciente.

André Bernard - L'art du collage à l'aube du XXIème siècle, Éditions PJ Varet, 2006.

Structure

Le collage est une technique qui me permet de mêler avec une insatiable énergie toutes les structures de notre environnement.

Migléna Savova - L'art du collage à l'aube du XXIème

siècle, Éditions PJ Varet, 2006.

Subversion

Je revendique mon appartenance à cette poignée d'irréductibles collagistes qui affirment "haut et fort que le collage ne peut être que subversif ".

Guy Savel - Les techniques de l'art du collage, deuxième volume, Éditions PJ Varet, 2016.

Aragon attribue au collage un pouvoir de subversion radicale, car celui-ci met en question la personnalité, la propriété artistique, et toutes sortes d'autres idées qui chauffaient sans méfiance leurs pieds tranquilles dans les cervelles crétinisées.

Eza Adamowicz - Ceci n'est pas un tableau - Editions Mélusine, 2004.

Sujet

Comme le photographe, l'artiste du collage ne crée pas le sujet de son travail, mais le subtilise dans le sac à images de quelqu'un.

Virginia Zabriskie - Catherine Duncan - catalogue d'exposition Collages Surréalistes, galerie Zabriskie, Paris, 1990.

Surperposition

Coller c'est superposer des éléments tout faits, parfois hétéroclites, en demandant de part et d'autre une adhésion définitive

Michel Seuphor - Le papier collé du cubisme à nos jours, Vingtième siècle, 1956.

Symphonie

Le moment du collage, de la création d'un collage, est unique mais il représente (peut-être) en même temps une symphonie de mouvements et de pensées que nous connaissons tous.

Anna Maria De Cesare - L'art du collage à l'aube du XXIème siècle, Éditions PJ Varet, 2006.

T

Tableau

Décroche un tableau du mur et tu trouveras la trace du tableau sur le mur, comme un tableau du tableau. Déplace une armoire et tu trouveras un tableau de l'armoire... Le temps fait de la peinture et les choses posent pour leur propre portrait.

Jiri Kolar - Le dictionnaire des méthodes, Éditions K, 1991.

Tactile

Réaliser un collage n'est pas seulement un phénomène visuel mais il est aussi tactile. Choisir les petits papiers, les toucher, les plier, les froisser, les défroisser, les lisser, les découper du bout des doigts est un plaisir.

Christine Henry - L'art du collage au coeur de la création, Éditions PJ Varet, 2014.

Tarot

Mes collages sont figuratifs et très colorés. La femme reste mon sujet de prédilection. J'exécute des représentations esthétiques ou des créations symboliques, selon mon humeur. Mon inspiration découle de diverses sources : d'une émotion, d'une image, d'une lecture, de la mythologie, du Tarot - formidable réservoir d'images allégoriques - ou du désir de rendre hommage à une femme.

Chantal Frelaut - L'art du collage au coeur de la création, Éditions PJ Varet, 2014.

Technique

Le collage n'est pas qu'une technique, il est un processus d'association et de correspondance

Jean Luc Dufresne - catalogue de l'exposition Poétique du collage, musée d'art Thomas Henry, 2000.

Témoins

J'utilise des témoins de mon temps

Marie Louise Nolte Nicolas, Francoise Monnin, Le

collage art du XXème siècle, Fleurus, 1993.

Temple

Je ramasse les plumes sur la route, les filets abandonnés, les bouts de tissus dans le coffre de ma grand-mère.

Des épaves du temps. Je ramasse les restes du passé, les choses oubliées par les gens où toute l'énergie des vies et des amours passés sont concentrés. Mon atelier est le temple des restes de l'histoire du jour et c'est avec eux que je construis mon temple dans l'art.

Sylvia Netcheva - Les techniques de l'art du collage, Éditions PJ Varet, 2011.

Temps

Le grand photographe Doisneau ne disait-il pas que " suggérer est créer ", alors je pars avec passion dans le monde émotionnel et sensible du collage où toutes les folies sont permises, je m'échappe dans des virevoltes enthousiastes, où la notion du temps s'abstrait.

Ketty Kobakhidzé - L'art du collage à l'aube du XXIème siècle, Éditions PJ Varet, 2006.

Tendresse

Le collage révèle une tendresse pour les petits riens.

Françoise Monnin - catalogue d'exposition Collages Assemblages, M.J.C. Les hauts de Belleville, Paris 1990.

Termite

Sans pitié, je dépouille magazines et vieux papiers, je dévalise livres et lettres, mes enfants disent, en ouvrant des choses écrites qu'ils découvrent en lambeaux : Tiens, la Termite est passée par là !

Françoise Autret - Les techniques de l'art du collage, Éditions PJ Varet, 2011.

Terroriste

Les papiers collés que Braque et Picasso expérimentèrent "comme en désespoir de cause" apparaissent à distance comme un procédé terroriste destiné à faire éclater le confort douillet de la peinture au Salon.

Jacques Merceron - catalogue d'exposition Le collage surréaliste en 1978, Galerie Le Triskèle, 1978.

Tissu

Déchirer et découper dans le tissu de la réalité ne la reflètent aucunement, mais la libèrent de son poids et renouvelle son ordre

Véronique Mauron - L'esprit du collage, Pagine d'arte,

2010.

Trajectoire

Avec le temps, j'ai adopté plusieurs techniques de collages à ma manière. Aujourd'hui, les collages s'épaississent, la matière papetière prenant de plus en plus de volume. Ils deviennent de petits tableaux que chacun fait vivre à sa façon. La symphonie de la vie ordinaire se compose là où colle, papiers et création se rejoignent suivant une trajectoire mystérieuse.

Catherine Eugène - Les techniques de l'art du collage, Éditions PJ Varet, 2011.

Transfiguration

Il est quelque chose comme l'alchimie de l'image visuelle. Le miracle de la transfiguration totale des êtres et objets avec ou sans modification de leur aspect physique ou anatomique.

Max Ernst - Max Ernst, Éditions Cercle d'art, 1997.

Transparence

C'est le goût de la transparence de la laque associée à sa profondeur qui m'a fait prendre le chemin des techniques du collage... Tout ça pour retrouver (en partie) son aspect à travers des superpositions de papiers de soie, travaillés aux encres et qui se fondent plus ou moins entre elles avec la colle de peau (colle à chaud) utilisée.

Dov - Les techniques de l'art du collage, Éditions PJ Varet, 2011.

Transmutation

Promesse immense que ce chaos du collage, où naît du mariage des images et des symboles un nouveau monde réalisant métaphoriquement le Grand Soir transmutatoire qui viendra changer la vie !

Dominique Paul - Les techniques de l'art du collage, Éditions PJ Varet, 2011.

Trébuchement

L'art trébuche sur ses propres pieds, disait Burckhardt, mon travail est le résultat de ce trébuchement.

Jiri Kolar - catalogue d'exposition Chiasmages, Centre international de poésie Marseille, 1993.

Tremplin

Le collage est encore loin d'être considéré pour ce qu'il est : un moyen extraordinaire de créer avec une multitude de possibilités qui ne s'arrête pas à une palette en bois mais qui constitue bien un tremplin qui permet de plonger dans sa propre interprétation créative.

Catherine Wagner Dudenhoeffer - Les techniques de l'art du collage, Éditions PJ Varet, 2011.

Trompe l'esprit

Le but du papier collé était de montrer que des matériaux différents pouvaient entrer en composition pour devenir dans le tableau, une réalité en compétition avec la nature. Nous avons essayé de nous débarasser de trompe l'œil pour trouver le trompe esprit.

Picasso - Propos sur l'art, Éditions Gallimard, 1998.

Trompe l'oeil

Le collage a de l'hybride cette qualité *d'être bon à penser*, , et il est l'inverse exact - si l'on décide qu'il en soit ainsi - du trompe l'œil, dont il me semble renverser le rituel.

Gérard Génot - Revue d'Esthétique N°3-4, 1978.

U

Union

Pour chaque élément glané, je tente une union a priori improbable avec d'autres ; je la sens, je la cherche, je la provoque ; elle se révèle, surprenante, évidente.

Roxi Cori - Les techniques de l'art du collage, Éditions PJ Varet, 2011.

Univers

L'univers du collage est virtuel, souple.

Catherine Duncan - catalogue d'exposition Collages Surréalistes, galerie Zabriskie, Paris, 1990.

V

Vent

Débarrasser sa table du quotidien encombrant, y positionner les quelques ingrédients qui vont permettre l'évasion, la porte vers le rêve, ouvrir sa fenêtre à l'imaginaire qui passe ... mais pas au vent qui fait voler les bouts de papiers.

Françoise Autret - L'art du collage au coeur de la création, Éditions PJ Varet, 2014.

Verlaine

Finir en papier collé, n'est ce pas là le rêve de tout collagiste ? Et cette pensée s'imposa à moi, en mémoire à Jiri, comme une évidence : finir sa vie de collagiste en nécrologie, soulevée par le vent, sa destinée enfin sublimée par les vers de Verlaine :

Et je m'en vais

Au vent mauvais

Quand sonne l'heure...

Pierre Jean Varet - - La liberté est un collage, Éditions PJ Varet, 2012.

Vibrations

J'ai toujours été attirée par le collage du fait du supplément de "vibrations" et de profondeur qu'il permet.

Agrasso - Les techniques de l'art du collage, premier volume, Éditions PJ Varet, 2016.

Vie

La vie est en soi un collage bizarre et épouvantable

Roman Cieslewicz - journal Le Monde, 1986.

Vieillir

Les années passent, et le collage vieillit bien.

Françoise Monnin - catalogue d'exposition Collages Assemblages, M.J.C. Les hauts de Belleville, Paris 1990.

Violon (d'Ingres)

Le violon d'Ingres, analysé en 2005 par le laboratoire du musée de la Musique, s'est révélé composite. Le violon d'Ingres est ce qu'on appelle un violon arlequin, construit à partir d'éléments disparates du XVIIème et XIXème siècle : table italienne, âme française... Ce violon sacré, lui-même, est un collage.

Adrien Goetz - Ingres Collages, Éditions Le Passage, 2005.

Voleur

Colleur, voleur, c'est presque pareil. Vous voulez savoir comment j'opère ? C'est très simple. Je me mets en chasse et m'enfonce dans des forêts de papier. J'ai toujours une arme prête - une paire de ciseaux bien aiguisés, c'est tout ce qu'il me faut. L'odeur des images suffit à me mettre sur la piste. J'ouvre l'oeil, je repère mes proies. Je ne néglige aucun gibier, mais j'ai un faible pour la chair délicate des gravures anciennes en noir et blanc. Malheur au volume du Tour du Monde ou du Magasin Pittoresque qui passe à ma portée !

Philippe Lemaire - L'art du collage dans tous ses états, Éditions PJ Varet, 2009.

Volupté

Le collage est une volupté pour qui le pratique. Il autorise une expression plus libre, plus personnelle, plus imaginative parce qu'en recherche, sans école officielle ni

Dictionnaire thématique des citations relatives à l'art du collage

maîtres dirigistes.

*Françoise Autret - L'art du collage dans tous ses états,
Éditions PJ Varet, 2009.*

Dictionnaire thématique des citations relatives à l'art du collage

Répertoire des noms et des thèmes

Dictionnaire thématique des citations relatives à l'art du collage

Dictionnaire thématique des citations relatives à l'art du collage

Dictionnaire thématique des citations relatives à l'art du collage

Dictionnaire thématique des citations relatives à l'art du collage

Dictionnaire thématique des citations relatives à l'art du collage

Dictionnaire thématique des citations relatives à l'art du collage

Zabriskie Virginia, p. 120

Au sujet de l'auteur

Né en 1956 à Paris.

Son premier recueil de poèmes est édité vers 1976 ainsi que des contes et nouvelles dans plusieurs magazines (Pilote, Charlie, Espace-Temps, Glotenmok).

Premiers collages en 1980.

Fonde le groupe de collagistes Collectif Amer (1992) puis le salon international du collage contemporain (1ère édition en 1994), le centre de documentation sur l'art du collage (1998) et le musée de l'art du collage (musée Artcolle) à Sergines (2000), puis à Plémet (à partir de 2012).

Organisateur et coorganisateur de près de deux cents expositions consacrées à l'art du collage, en France et à l'étranger (dont le Symposium Art Kollage de Plovdiv en Bulgarie, le salon du collage à Milan en Italie et à Plovdiv, Bulgarie).

Auteur de livres (historiques, biographies,techniques) sur cet art.

Nombreuses expositions collectives à partir de 1992, et individuelles à partir de 2000.

Récompenses : Prix du ministère de la culture (Paris), Prix du conseil général de l'Yonne, Prix du ministère de la culture (Bulgarie), Prix de la ville de Plovdiv (Bulgarie), Grand Prix Art Collage (Bruxelles, Belgique), Médaille d'argent Académie Arts Sciences et Lettres.

Membre honoraire de la Société Art-Kollage (Bulgarie) et de la Société National Collage (USA).

OUVRAGES DE PIERRE JEAN VARET

Poésie :

Les Gnomes (1980)

Éclipse au jardin du regard (1990)

Thé pour deux (2002)

Dernière Chance - Parade des mouchoirs (2003)

Art du collage :

Le traité d'Artcolle (1996)

L'index des artistes collagistes (1998)

Le collage numérique (1999)

Le traité d'Artcolle N°2 (2002)

L'art du collage avant les cubistes (2003)

Le traité d'Artcolle N°3 (2003)

Sylvia Netcheva ou l'art retrouvé du collage (2003)

La liberté est un art (2004)

Le traité d'Artcolle N°4 (2005)

L'art du collage à l'aube du vingt et unième siècle (2006)

Les techniques de l'art du collage (2007)

L'art du collage dans tous ses états (2009)

Des collages à tous les étages (2009)

La liberté est un collage (2012)

L'art du collage au coeur de la création (2014)

Petits collages en prose (2014)

Les techniques de l'art du collage - 2ème volume (2016)

Dictionnaire thématique des citations relatives à l'art du collage (2016)

Arrêt sur collage (2016)

Carnet de voyage :

Plovdiv, la femme et l'artiste Bulgare (2002)

Plovdiv, acte deux (2003)

Divers :

L'art d'exposer (1997)

Artiste, mode d'emploi (2009)

Techniques de l'art postal (2015)

Devenir végétarien sans en faire tout un plat (2015)

Pratique du vrai scrapbooking (2016)

Le musée Artcolle

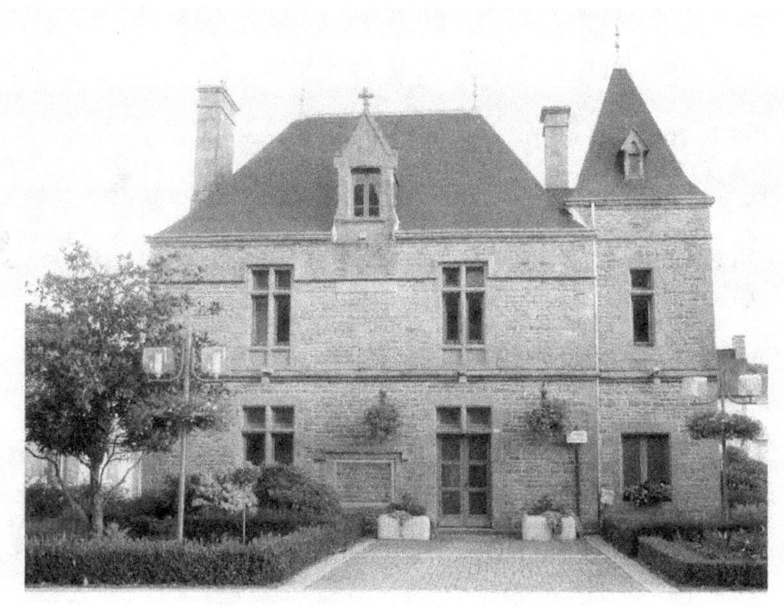

Le musée consacré à l'art du collage

Plémet 22210 (France)

contact :

Pierre Jean Varet - artcolle@yahoo.fr

http://artcolle.musee.com

L' art du collage sur internet :

Toutes les informations :

Stage sur les techniques de l'art du collage

(Bretagne & Paris)

Cours, livres, vidéos, conférences, expositions...

Le site consacré à l' art du collage

le plus populaire au monde,

plus de 10.000 connexions/mois :

http ://www.artducollage.com

contact : artcolle@yahoo.fr